Nietzsche face au cinquantenaire des indépendances africaines

Du même auteur, aux Éditions L'Harmattan :

Nietzsche et sa vision de l'homme. Une interpellation de l'africain, 2010.

5-7, rue de l'École-polytechnique ; 75005 Paris

http://www.librairieharmattan.com
diffusion.harmattan@wanadoo.fr
harmattan1@wanadoo.fr

ISBN : 978-2-296-55971-4
EAN : 9782296559714

Patrice Jean AKE

Nietzsche face au cinquantenaire des indépendances africaines

L'Harmattan

Collection Croire et savoir en Afrique
dirigée par Benjamin Sombel Sarr et Claver Boundja

Cette collection est un lieu d'analyse du phénomène religieux en Afrique, dans ses articulations avec le social, le politique et l'économique. L'impact du religieux n'est plus à démontrer dans le contexte africain où il tente d'apporter une réponse aux questions que pose la modernité par des propositions éthiques, mais aussi par des pratiques et des discours de sortie de crise. L'approche de cette collection est plurielle. Elle laisse une grande place aux sciences sociales, plus particulièrement à la sociologie et à la philosophie des religions, mais aussi à la littérature. Elle est un espace de débat entre spécialistes de tous bords autour des questions suivante : le discours religieux répond-il aux questions de l'Afrique en mouvement ?

RESUME

Que peut apporter Nietzsche dans le débat sur le cinquantenaire de nos indépendances africaines ? L'idéologie de ces indépendances a montré l'échec du libéralisme économique d'une part et du socialisme de l'autre. Cet ouvrage veut montrer que Nietzsche peut prendre part au débat, en tant que témoin de la colonisation et de la balkanisation de l'Afrique. Ainsi la politique qui est au centre de ce texte est exposée de façon théorique. Puis nous montrons l'influence de la politique sur la pensée de Nietzsche et comment dégouté de tous les systèmes politiques, Nietzsche choisit de créer le parti de la Vie. Cette solution peut-elle être une thérapie qu'un diagnostique implacable des Pères synodaux sur la situation africaine ?

ABSTRACT

This paper explains what politics is and compares the politics'vision of Nietzsche and African bishops'analysis. Nietzsche was not consistently antistatist; nor did he perceive the 'new danger' merely in the 'secular state', for he was a severe opponent of the 'Christian state' as it developed in the 1880's. Nietzsche would come to reject constitutionalism, parliamentarianism, universal suffrage and eventually the nationalism championed by the liberals, but not out of loyalty towards the Prussian monarchy or conservative principles. Bishops, in contrary, at the Special Council for Africa, remark that African leaders are increasingly becoming aware of their responsibility and are seizing this moment in history to face conflicts often times tragically violent which have come about as a result of elections, a sign in politics of growth towards establishing a State ruled by law. They demand also, an analysis of the structural obstacles to autonomous development and the realization of Africa's full potential. Not only does a vacuous neo-liberal universalism persist but even the slender counter-hegemonies which survive are usually derived from outside Africa. There is a need for recognition that both potential and the tragedy of African political economy are played out in multiple settings through variegated social and political institutions both formal and informal.

INTRODUCTION

Nietzsche est un auteur actuel. Il n'est pas à la mode, mais il est intempestif, c'est-à-dire il s'élève au dessus de la déficience du temps présent et enseigne de nouveau à être simple et honnête dans la pensée et dans la vie, à réfléchir sur le devenir tout en échappant au flux, de penser le présent sans verser dans l'actualité, et de démocratiser la pensée sans la niveler par le bas. L'œuvre de Nietzsche croise notre époque, les élections qui ont accordé quatre ans à la chancelière conservatrice sortante, Angela Merkel.

Nietzsche a été un prophète et certaines de ses prédictions sont avérées. Sur la démocratie, il a dit qu'elle témoigne d'un bigotisme égalitaire où il repère le ressentiment, la haine des têtes qui dépassent et l'inévitable victoire des faibles sur le fort, ce qui fait de ce philosophe le premier penseur de l'homme unidimensionnel et le meilleur analyste de phénomènes contemporains comme la tyrannie de la majorité, l'uniformisation des opinions, la haine de l'inégale beauté ou encore l'illusion que le nombre fait la force[1]. A propos de l'abstention, Nietzsche écrit : «*Lorsque ne vont aux urnes [...] que les deux tiers à peine, et peut-être même pas la majorité de tous les inscrits, c'est en somme un vote contre le système électoral tout entier*[2]. »

Angela Merkel devra, pour quatre ans, gouverner avec les libéraux du FDP. Sur le libéralisme, Nietzsche pense que « les institutions libérales cessent d'être libérales dès qu'elles sont acquises : ensuite, rien n'est plus systématiquement néfaste à la liberté que les institutions libérales. On ne sait que trop à quoi elles aboutissent :

[1] *L'Express* 3026 – 1er juillet 2009, p. 69.
[2] *L'Express* 3026 – 1er juillet 2009, p. 69.

elles minent la volonté de puissance, elles érigent en système moral le nivellement des cimes et des bas-fonds, elles rendent mesquin, lâche et jouisseur – en elles, c'est l'animal grégaire qui triomphe toujours. Libéralisme : en clair, cela signifie abêtissement grégaire… Ces mêmes institutions produisent de tous autres effets.[3] »

En cette année où l'on s'apprête à fêter les 20 ans de la chute du Mur de Berlin, le Centre Droit va se retrouver seul aux affaires pour la première fois depuis l'ère Helmut Kohl (1982-1998). C'en est fini de quatre années de 'grande coalition' entre les conservateurs et la gauche sociale-démocrate, qui, le dimanche 25 Septembre 2009, essuie une débâcle avec son pire score en 60 ans : autour de 23%. Avec 33,6 à 33,8% la CDU/CSU recule d'environ 1,5 point par rapport à 2005, mais obtiendrait 230 sièges. Avec les 93 sièges de FDP, la future coalition « noir-jaune » disposerait d'un total minimum de 598 au Bundestag, soit une majorité claire et nette, sans attendre l'attribution des quelques « mandats supplémentaires » découlant d'un système électoral complexe. Le bloc de gauche (SPD, Die Linke et les Verts) réunirait, lui, autour de 290 députés. Quel lien, cette situation politique en Allemagne peut-elle avoir avec l'Afrique ?

Quand nous plongeons dans l'histoire de la politique allemande, nous rencontrons l'Afrique, dans le projet de Bismarck qui débouche sur la colonisation. Mais l'Afrique d'hier n'est pas celui de ce XXIème siècle. De l'Europe, la politique est aussi à l'ordre du jour en Afrique. Une relecture, alors, de l'*Instrumentum Laboris* nous a paru nécessaire, au moment où, le 4 Octobre 2009 vient de s'ouvrir à Rome, la seconde Assemblée spéciale du Synode des Evêques « L'Eglise en Afrique, au service de la réconciliation, de la justice et de la paix. » Plus de 360 participants se rassemblent sur le thème précité, auquel est

[3] *L'Express* 3026 – 1er juillet 2009, p. 69.

rattaché ce verset de l'Evangile : « Vous êtes le sel de la terre…Vous êtes la lumière du monde. » (Mt 13-14). 200 évêques, venus de toute l'Afrique, sont présents au Vatican, parmi lesquels, les présidents des Conférences épiscopales africaines, et de nombreux évêques africains élus par leurs confrères. Des Cardinaux des dicastères de la Curie Romaine, de nombreux évêques émérites, ainsi que de nombreux experts, théologiens, membres d'organismes d'évangélisation et de développement africain ou d'organismes internationaux qui interviennent sur le continent africain (Caritas, Justice et Paix…) participent également à ce synode.

L'Afrique est un continent très abîmé par les nombreux conflits des dernières décennies. La démarche synodale est, de travailler sur les questions de réconciliation, de justice et de paix qui traversent ce continent, et de soutenir les engagements de l'Eglise en ce lieu. Les conclusions du synode de 1994 concernaient la mise en avant des communautés ecclésiales vivantes ou communautés ecclésiales de base, et celle d'une Eglise engagée et solidaire des réalités concrètes de développement et d'éducation.

Le premier enjeu de ce deuxième synode consiste à faire un état des lieux de la situation du 1er synode, et de ce qui s'est passé depuis 15 ans – déjà mise en lumière dans *l'Instrumentum Laboris*, remis en Mars aux épiscopats africains, à Yaoundé, par le St Père. L'Afrique est un continent dynamique au niveau des baptêmes, de l'évangélisation, des vocations et de l'engagement de l'Eglise concernant le développement, l'éducation et la santé. Mais c'est aussi un continent très fragilisé par les conflits. Depuis 1994, des conflits ont éclaté au Rwanda, au Burundi, en République démocratique du Congo, en Sierra Léone, au Darfour, en Somalie, en Côte d'Ivoire, à Madagascar, en Angola. L'Afrique est aussi fragile au niveau de son économie : 18% de la population mondiale vit en Afrique pour une masse budgétaire de 2%. C'est un continent très jeune : 50% de la population a moins de 25 ans. Si ce continent ne se développe pas de façon équilibrée, la jeunesse va perdre l'espérance et s'expatrier.

Le deuxième enjeu est de dresser un état des lieux de l'Eglise et de son engagement dans les questions d'aujourd'hui en Afrique, avec ses richesses et ses faiblesses. L'Eglise manque de formateurs. Elle a beaucoup de candidats et de vocations pour être catéchistes, animateurs en pastorale, responsables de communautés et aussi pour le ministère presbytéral, mais elle n'a pas assez de formateurs. La courbe des baptêmes et des ordinations est en hausse, celle des formateurs est stable, voire en baisse, du fait aussi du vieillissement du personnel formateur, notamment de la raréfaction des missionnaires étrangers. Il s'agit aussi de situer l'Eglise catholique, qui représente 20% de la population africaine, face à d'autres grands courants : l'Islam, la multiplicité des Eglises protestantes, les nombreux courants des religions traditionnelles et animistes, les Evangélistes, les sectes. Depuis 1960, l'Eglise a un épiscopat autochtone qui prend ses responsabilités, mais l'Eglise catholique est aussi souvent perçue comme une réalité venue d'ailleurs. Il ne faut pas non plus rater le dialogue avec l'Islam. Si ce dialogue devient un affrontement, il n'y aura pas d'avenir solide dans les relations avec l'Afrique. En Afrique sub-saharienne, musulmans et catholiques sont à peu près en égalité au niveau du nombre, et il convient d'avancer dans un dialogue où les religions se respectent et soutiennent les efforts de développement et de paix. L'Eglise, du fait de sa dimension universelle et de sa présence dans le monde entier, est vécue par de nombreux régimes politiques comme une instance critique. Quand elle rappelle avec persévérance les questions de justice et de paix ou les questions des droits de l'homme, elle dérange certains pouvoirs, qui préféreraient avoir affaire à une Eglise effacée. Beaucoup ne sont pas contre une spiritualité ou une présence religieuse, à condition qu'on ne se mêle pas de droits de l'homme ou de justice. Des pressions sont d'ailleurs parfois exercées sur certains Evêques en Afrique. Mais avant d'aller plus loin dans notre propos, il nous faudrait définir, dans un premier temps, ce que nous entendons par politique.

1. LA POLITIQUE : ESSAI DE DEFINITION

Qu'entendre par politique ? Le concept est très vaste et embrasse toutes les sphères d'activité directive autonome. Nous parlons de la politique de devises et de la politique d'escompte d'une banque, de la politique d'un syndicat au cours d'une grève ; nous pouvons parler de la politique scolaire d'une commune urbaine ou rurale, de la politique d'un comité qui dirige une association, et finalement de la politique d'une femme habile qui cherche à gouverner son mari. Nous n'allons pas dans cet article, donner une signification aussi vaste au concept de politique. Ici, nous entendons uniquement par politique, au sens wébérien, « *la direction du groupement politique que nous appelons aujourd'hui « Etat », ou l'influence que l'on exerce sur cette direction.*[4] »

Le mot politique vient du grec *politikê* que Julien Freund définit comme « *l'activité qui organise et gère une cité (polis), plus généralement une collectivité dont les membres font corps, par entente tacite ou explicite, dans une destinée commune.*[5] » En français, où le terme apparaît durant le XIVème siècle, la notion est plurivalente, car elle concerne un ensemble de phénomènes que d'autres langues distinguent. Freund pense que « *(plus précisément), la politique est à la fois, l'activité organisatrice, l'art de gouverner, l'ensemble des affaires politiques, la théorie des régimes et la science qui analyse tous ces phénomènes.*[6] »

Les Grecs faisaient une distinction entre la *politikê* ou l'activité politique concrète, la *politeia* ou la constitution

---

[4] WEBER (Max).- *Le savant et la politique*, Paris, 10/18, 1963, p. 124.

[5] FREUND (Julien).- « Politique » dans *Encyclopédie Philosophique Universelle* II, *Les Notions Philosophiques, Dictionnaire*, p. 1978.

[6] FREUND (Julien).- « Politique » dans *Encyclopédie Philosophique Universelle* II, *Les Notions Philosophiques, Dictionnaire*, p. 1978-1979.

d'un régime, et les *politika* ou les affaires de la cité. Les Latins employaient les termes de *publicus* ou de *civilis* à celui de *politicus*. La *respublica* désignait l'ensemble des affaires politiques et la *civilis prudentia*, l'art de conduire ces affaires. La langue anglaise connaît deux mots pour traduire la politique : celui de *policy* ou l'activité des individus ou des groupes et *politics* qui signifie affaires politiques proprement dites. Toutefois, depuis une trentaine d'années, le terme de politologie (politologue) devient un usage assez fréquent, en France, pour désigner les spécialités de l'analyse politique.

L'activité politique est, quant à elle, celle qui oriente la vie collective et préserve le bien commun ou l'intérêt général d'une unité politique déterminée, relativement unie et indépendante, sur un territoire d'étendue variable. A ce titre, Freund pense que « *la politique implique la volonté préexistante d'une association durable d'êtres décidés à vivre en commun, sous des règles communes (coutumes, lois ou autres conventions), au bénéfice de l'ensemble de la population concernée avec la conscience de vivre un destin commun.*[7] » S'agit-il de collectivités séparées, résolues à maintenir leurs particularités, ou d'Etat mondial ? D'Etat politique ou d'Etat policier ?

Une autre notion importante à définir en politique est celle de communauté et d'association. Dans ce cas la communauté devient un corps articulé, ou encore une totalité organique, constituée, en vue d'un bien commun. La République se définit ainsi comme « *un droit gouvernement de plusieurs ménages et de ce qui leur est commun.*[8] » Dans la pensée contemporaine, Max Weber entend l'Etat comme une communauté. En effet, pour cet

---

[7] FREUND (Julien).- « Politique » dans *Encyclopédie Philosophique Universelle* II, *Les Notions Philosophiques, Dictionnaire*, p. 1979.

[8] FREUND (Julien).- « Politique » dans *Encyclopédie Philosophique Universelle* II, *Les Notions Philosophiques, Dictionnaire*, p. 1979.

auteur, « *il faut concevoir l'Etat contemporain comme une communauté humaine qui, dans les limites d'un territoire déterminé (...) revendique avec succès pour son propre compte, le monopole de la violence physique légitime.*[9] » Ainsi donc, la politique devient la vie en commun des hommes selon les structures essentielles de cette vie.

Au cours de l'histoire du monde, plusieurs communautés politiques ont vu le jour : la tribu, la famille patriarcale, le système patrimonial et l'Etat moderne. La famille musulmane, par exemple, repose sur une communauté, à la fois, religieuse et politique, à l'exemple des formes politiques traditionnelles. Le communisme marxiste perpétue, quant à lui, l'idée d'association, mais elle serait dépourvue de politique par dépérissement de l'Etat.

Une communauté politique se caractérise par la nature des liens qui unit chaque fois les membres et le type de hiérarchie qu'il intègre. Ces liens peuvent être plus ou moins étroits : ils peuvent s'étendre jusqu'à la communauté des biens (de nos jours la collectivation), rarement celle des femmes, ou bien ils peuvent se borner à la protection commune ou la sécurité commune de la diversité des intérêts particuliers. Le système hiérarchique peut être rigide ou bien se combiner avec les relations de liberté et d'égalité sous certains rapports.

Si la politique est une science directive, la société politique est, quant à elle, divisée en gouvernants et gouvernés : d'un côté, le pouvoir ou l'autorité qui commande, de l'autre, les citoyens qui obéissent. Il y a pratiquement, un accord unanime pour reconnaître que le pouvoir est exercé par une minorité. Le pouvoir, en lui-même, a donné lieu à deux sortes d'interrogation : l'une, plutôt pratique, porte sur la conduite, les procédés ou les recettes de gouvernement, l'autre, concerne la nature des

---

[9] WEBER (Max).- *Le savant et la politique*, Paris, 10/18, 1963, p. 125.

relations entre la minorité gouvernante et la majorité gouvernée.

C'est à partir du XVIème et du XVIIème siècle que s'est répandu l'usage du mot politique, comme substantif et comme adjectif, tantôt dans un sens péjoratif, pour désigner l'adresse d'un homme politique. On parle dans ce cas d'un fin politique. Ou bien, le mot politique désigne l'habilité manœuvrière, le sens de la ruse et de l'intrigue, l'absence de scrupules. On emploie alors, par exemple, la baliverne politique. Le terme actuel de politique se situe dans l'héritage de cette façon de voir.

La seconde sorte d'interrogations porte sur la nature des gouvernements, en général, sur la base, explicite ou non, d'une classification des régimes. Quelle est la meilleure forme de gouvernement politique ? Cette question est à la source de la plupart des débats théoriques et des conflits en politique. Le problème a été abordé de différentes façons.

D'abord, celle du fondement du pouvoir, suivant que l'on donne la primauté à la religion (théocratie, hiérocratie), à l'économie (ploutocratie, dictature du prolétariat), à l'instance gestionnaire (bureaucratie, technocratie). D'autres mettent en avant les aptitudes du pouvoir (gérontocratie, méritocratie) ou encore le nombre des dirigeants : un seul homme (monarchie, monocratie, autocratie), plusieurs (aristocratie, timocratie, oligarchie), ou le plus grand nombre possible (démocratie, ochlocratie).

Le débat porte aussi sur la répartition des pouvoirs : concentration et centralisation (absolutisme, despotisme, dictature), ou au contraire, dans la recherche d'un équilibre des pouvoirs. Celui-ci peut avoir pour fondement la division des compétences (parlementarisme avec séparation des pouvoirs) ou enfin la dilution du pouvoir (anarchisme). Le plus souvent, on rencontre des combinaisons de plusieurs types, suivant la conception des constitutions hybrides ou de constitution mixte, avec la possibilité plus ou moins grande des citoyens de participer au pouvoir (élections, suffrage universel, représentation catégorielle ou corporatiste).

Si nous interrogeons le domaine de la politique, ses prérogatives, son autonomie et sa compétence spécifique, certains (Platon) voient en la politique, un art royal, d'autres (Aristote), l'activité qui commende aux autres activités et les englobe, parce qu'elle vise plus que les autres, un bien supérieur. D'autres enfin (Comte) la subordonnent à la science. Finalement, la majorité des penseurs, y compris ceux qui y voient une activité serve, lui assignent un domaine propre, en relation de réciprocité avec les autres activités humaines.

Etant donné que la politique est bornée à une collectivité particulière, occupant un territoire déterminé, elle est nécessairement en contact avec les autres unités politiques, avec lesquelles elle peut entretenir des relations d'amitié ou d'hostilité. Ainsi nous divisons communément l'univers politique en deux sphères : celle des affaires intérieures, vouées à la préservation de la paix intérieure ou civile, et celle des affaires extérieures, dont l'objet est la sécurité face aux menaces étrangères. Nous les appelons aussi les affaires publiques, en les distinguant des préoccupations privées ou encore civiles, selon la discrimination entre le citoyen et l'individu propre.

Dans le cas des affaires publiques, la politique a en charge, la police, c'est-à-dire qu'elle a pour mission la protection des citoyens, afin de faire régner la concorde. A cet effet, son rôle est de trouver, par un compromis informel ou par une réglementation juridique, un accord minimum entre les citoyens aux intérêts contradictoires. Nous appelons communément cette tâche : le maintien de l'ordre. Les opinions se partagent sur le fait de savoir si l'ordre doit être efficace ou, en plus, juste. Les uns (Goethe) préfèrent l'injustice au désordre, les autres (Proudhon) préfèrent la justice à l'ordre. Le fond du débat porte sur la conciliation entre la nécessité des règles, pour harmoniser la cohabitation et les libertés des citoyens. C'est précisément à ce propos qu'il y a dispute sur le meilleur gouvernement.

A l'effet du maintien de l'ordre, les sociétés politiques ont pris des mesures diverses, les unes élémentaires, les autres plus complexes. D'une part, elles ont établi des règles qui déterminent le permis et le défendu. Il s'agit de l'esprit juridique dont l'éventail va, du décret arbitraire, à l'Etat de droit. Pour renforcer la protection des citoyens par les règles, les associations politiques ont institué un appareil judiciaire aux modalités variables suivant les pays. En second lieu, elles ont développé un autre appareil, celui de l'administration, en vue de seconder le pouvoir dans la gestion des affaires. Il a existé dans l'histoire, plusieurs formules de recrutement : le tirage au sort, l'élection, les prébendes, la vénalité des charges et le fonctionnariat moderne, conférant la stabilité de la situation et instaurant une division des tâches suivant les secteurs de l'organisation : fisc, éducation, police, sécurité sociale, et communication.

Dans le cas des affaires extérieures, la politique a en charge l'armée et la diplomatie, dans le but de se protéger contre les éventuels ennemis étrangers et de maintenir dans les meilleures conditions, la paix internationale. Dans son statut actuel, la diplomatie a pour office de nouer des alliances, de conclure des pactes de natures diverses (traité commercial, traité de paix, pacte de non-agression et autres). La politique internationale contemporaine a introduit une nouveauté qui rompt avec les relations internationales classiques, bilatérales ou multilatérales, parce qu'elle a instauré des organismes internationaux

(ONU, UNESCO, Communautés Européennes), gérés par des fonctionnaires relativement indépendants de leurs pays d'origines. Nous constatons ainsi l'autonomisation partielle d'un secteur de la vie politique internationale.

Quant à l'armée, son action est d'intention dissuasive, en ce sens que l'unité politique se donne les moyens adéquats pour parer à toute agression et, le cas échéant, d'entrer en guerre, pour préserver ses intérêts ou sa particularité. Les affaires extérieures couvrent, en somme, l'immense domaine des relations de paix et de guerre, ce qui veut dire celui du rapport de forces entre amis et ennemis, qui demeurent au cœur de toute politique, qu'elle soit positive ou idéologique, agressive ou défensive. Si un auteur a retenu notre attention pour sa théorie politique, il s'agit de Friedrich Nietzsche. Mais avant d'en arriver à lui, faisons un petit excursus dans l'histoire des idées politiques, afin de mieux le reclasser.

1. PETITE HISTOIRE DES IDEES POLITIQUES

1.1.1 LA POLITIQUE CHEZ LES ANCIENS

Chez les Anciens, aux dires de Gauthier et Jolif[10], la politique est l'activité organisatrice d'une société, en tant qu'elle inspire sa constitution, ses structures et ses formes de cohabitation. Sa mise en œuvre dépend de l'idée que les acteurs sociaux se font du substrat de la société, qu'ils soient gouvernants ou gouvernés. De ce point de vue, chez eux, l'éthique est une espèce de la politique. Il y aurait en effet, trois espèces de politique : d'abord, la politique proprement dite qui a pour objet le tout qu'est la cité ; ensuite, l'économie domestique qui a pour objet la famille,

---

[10] ARISTOTE .- *L'éthique à Nicomaque. Introduction. Traduction et commentaire,* Louvain, Publications universitaires de Louvain 1959, tome II, première partie, livres I-IV, pp. 10ss.

partie de la cité, et qui est donc une partie de la politique proprement dite ; enfin, l'éthique qui a pour objet l'individu, partie lui aussi de la cité, et qui est donc elle aussi une partie de la politique proprement dite. La difficulté que les Anciens ont entrevue est la suivante : entre la politique et l'éthique, qui a la préséance sur l'autre ? Pour certains Anciens, la politique est la science architectonique, et l'éthique est la science subordonnée à la politique. Ainsi pour eux, l'éthique reçoit le nom de politique, parce que la morale individuelle conduit à la morale sociale, et que les fins des sciences architectoniques sont plus élevées. Mais alors nous nous posons la question de savoir si l'éthique est une science architectonique.

Pour d'autres penseurs de l'Antiquité, si l'éthique reçoit le nom de politique, c'est dans un sens impropre.

Or, si l'éthique n'est pas une science politique qu'en un sens impropre, alors on ne peut accorder la suprématie à la science politique sur l'éthique. Ainsi, poursuivent-ils leur raisonnement, l'éthique n'est pas une espèce de la politique, et elle n'est pas non plus une espèce nécessairement inférieure. Elle n'est pas une science politique en un sens impropre, et par conséquent d'une façon encore inférieure. Au contraire, l'éthique est la politique, seulement certes en un sens du mot, mais en un sens qui est son sens fort. Ces penseurs distinguent ainsi cette politique au sens plein du mot qu'est la morale, à une autre politique qui n'est politique qu'en un sens affaibli et secondaire.

Il y a ainsi deux politiques que les Anciens entendent opposer : d'abord, la fausse politique des politiciens qui se proposent pour but les honneurs, alors que la vraie politique poursuit le bonheur que donne la vertu. A l'intérieur même de la politique véritable, il faut considérer deux plans : celui de la science universelle et celui de la pratique courante. Au plan de la science universelle se tient la politique architectonique qu'est la nomothétique, dont le rôle est de fixer les normes générales de l'action et la fin à atteindre ; au plan de la pratique courante se tiennent la politique au sens usuel du mot, dont l'objet est le gouvernement de la famille et la sagesse pratique dont l'objet est le gouvernement de soi-même. Il n'est pas douteux que, dans le cadre de cette division du savoir pratique, c'est-à-dire à la politique architectonique, c'est-à-dire à la politique architectonique, c'est-à-dire à la nomothétique que les Anciens entendent identifier à la morale. Mais s'en sont-ils tenus à cette conception ? On remarquera qu'elle rend mal compte de la distinction entre la morale et la politique que dès ce moment ils professent, car leur politique est, elle aussi, une nomothétique plutôt qu'un art de la pratique politique. Quelle solution alors trouver ?

Certains Anciens (Aristote) pensent que l'éthique, en fixant le bien suprême qui est la fin de l'homme, établit la loi morale, tandis que la politique fait de cette loi morale une loi de l'Etat ; elle lui assure la force de coercition qui lui est nécessaire ; la nomothétique elle-même se divise en deux parties distinctes, qui correspondent exactement à ce que sont l'éthique et la politique.

On comprend dès lors le raisonnement des Anciens, et on saisit sa portée véritable. L'objet de la morale, c'est le bien suprême de l'individu ; mais, encore qu'elle puisse, à la rigueur, se contenter d'assurer ce bien à un seul individu, la morale préférera évidemment l'assurer à tous les individus. Or, la cité n'a pas d'autre fin que le bien de l'individu, ou plus exactement, mais cela ne fait aucune différence, que la somme des biens individuels. Donc la morale, du fait même qu'elle détermine le bien de l'individu, est la politique au sens fort du mot, la politique architectonique qui dicte à la cité sa fin ; en d'autres termes, la vraie politique, c'est la morale. Le pivot de toute cette argumentation, c'est l'affirmation de l'identité entre le bien de l'individu et le bien de la cité ; c'est l'affirmation de cette identité, règle d'or de l'individualisme, qui permet aux Anciens, non pas, comme on leur fait dire à contresens, de subordonner l'individu à la société et la morale à la politique, mais bien au contraire de subordonner la société à l'individu dont elle poursuit les fins, et la politique à la morale qui lui fournit sa fin. S'il est juste de donner à la science morale le nom de politique, ce n'est pas parce qu'il y a identité entre la morale et la politique, ce n'est pas non plus parce que la morale est subordonnée à la politique, c'est au contraire parce que la morale commande à la politique et est ainsi, en un sens la politique supérieure. Cette opinion des Anciens que nous défendons dans cet article est en opposition avec celle des Modernes. Il s'est produit en effet, une rupture entre l'opinion des Anciens et celle des Modernes, dont Hobbes fut le premier à saisir la portée en s'opposant explicitement à Aristote.

1.1.2 LA POLITIQUE CHEZ LES MODERNES

Jusqu'à l'aube des Temps Modernes, la pensée politique demeure fidèle, à quelques nuances près, à l'enseignement d'Aristote. L'homme est, par nature, un être social ou politique ; ce qui ne veut pas dire que la société serait nature, mais que par sa nature, et non en vertu des circonstances, l'homme est porté à vivre en société. En dehors de la cité, l'homme serait un dieu ou un monstre. Mais la société est également naturelle à l'homme, en un deuxième sens : il s'accomplit, c'est-à-dire il accomplit sa nature, dans la communauté politique, parce qu'il ne s'y réalise pas seulement comme un individu isolé, mais dans la plénitude de ses relations avec autrui. Cette plénitude constitue le bien le plus élevé.

Ainsi donc, l'homme ne se suffit pas à lui-même, il a, par sa nature, besoin de l'autre, dans le respect des liens naturels que sont l'union de l'homme et de la femme, la famille, et au sommet, la cité, le mieux possible, selon les normes du bien qu'ils poursuivent dans l'association politique. Cette organisation est l'affaire des conventions raisonnables, guidées par les exigences de la justice.

Malheureusement, l'homme n'est pas seulement un être raisonnable. Il est également animé par des passions et des intérêts, de sorte qu'il introduit la discorde et la corruption, qui font dévier les régimes politiques. Toute constitution politique est, de ce fait, soumise à des changements qui peuvent la faire dégénérer. Ce sont ces changements qu'Aristote appelle les révolutions. Leur principale cause est « *un accroissement disproportionné*[11] » de quelque partie de l'Etat. La tyrannie naît de l'excès d'autorité, l'oligarchie des abus de la richesse, la démagogie d'une liberté exercée arbitrairement en vertu de l'égalité. Aristote ne croit pas à un régime idéal. Il se fait l'avocat d'une constitution tempérée, apte à se réformer en considération du bien que l'on se propose, en vivant dans une communauté politique.

Le tournant capital dans la pensée politique a été opéré par les philosophies du contrat social, dont Hobbes fut le principal initiateur, bien que l'on puisse trouver des germes de la théorie, dans la philosophie politique antérieur. Hobbes a rompu, explicitement, avec Aristote et la pensée des Anciens, récusant l'idée selon laquelle, l'homme serait, par nature, un être social ou politique, lorsqu'il affirme : « *Si l'on considère de plus près les causes pour lesquelles les hommes s'assemblent et se plaisent à une mutuelle société, il apparaîtra bientôt que cela n'arrive que par accident et non par une disposition*

---

[11] ARISTOTE.- *Politique* V, 1302b25, Paris, Gallimard, 1993.

nécessaire de la nature.[12] » Hobbes a introduit une double nouveauté. D'une part, pour expliquer la société et la politique, appelée état de nature, dont l'homme serait sorti, par crainte de la mort, pour créer la société. Dès lors, celle-ci n'a plus de fondement naturel, mais elle a une origine conventionnelle (pacte social), qui aurait succédé à l'état de nature, par la constitution d'une société civile. D'autre part, la société, étant le résultat d'un contrat, l'Etat n'est qu'une œuvre d'art, un être « *artificiel, quoique d'une stature et d'une force plus grandes que celles de l'homme naturel, pour la défense et la protection duquel il a été conçu.*[13] »

La philosophie du contrat social s'imposa à la pensée politique des deux siècles suivants, avec des variantes selon les auteurs : Spinoza, Locke, Pufendorf, Rousseau, Kant et d'autres. Si pour Locke, le pacte était conclu une fois pour toutes, qu'il est irrévocable, pour Rousseau, la violation de ses clauses faisait rentrer chacun dans ses anciens droits, de sorte qu'il retrouvait sa « *liberté naturelle, en perdant la liberté conventionnelle.*[14] » Les différences les plus notables portaient sur la conception de l'état de nature : l'état de guerre permanent (Hobbes), l'état de liberté et d'égalité (Locke et Rousseau), l'état d'insécurité et d'injustice (Hume et Kant). Fichte abandonna l'idée d'état de nature et conçut le contrat comme une dialectique conventionnelle entre le droit et la force, entre ce qui est et ce qui doit être, sous la force d'une objectivité à réaliser pour tous les êtres. Ainsi, dans

---

[12] FREUND (Julien).- « Politique » dans *Encyclopédie Philosophique Universelle* II, *Les Notions Philosophiques, Dictionnaire*, P. 1981.

[13] FREUND (Julien).- « Politique » dans *Encyclopédie Philosophique Universelle* II, *Les Notions Philosophiques, Dictionnaire*, P. 1981.

[14] ROUSSEAU (Jean-Jacques).- *Du Contrat social,* liv.I, chap. VI, Paris, Garnier Flammarion, 2001, trad. Bruno Bernadi, p. 56.

son étude *Sonnerklarer Bericht*[15] opposa-t-il la Révolution, agent de la raison, à l'Etat historique et empirique. Hegel récuse tout simplement l'idée du contrat social, car, « *la nature de l'Etat ne consiste pas dans des relations de contrat.*[16] » La société et la politique étaient, dès lors, conçues sous la catégorie de la Révolution. Avec Fichte, nous entrons dans l'époque contemporaine.

1.1.3 LA POLITIQUE CHEZ LES CONTEMPORAINS

Abandonnant la première nouveauté de la politique de Hobbes, celle du contrat, la pensée révolutionnaire resta fidèle, avec certaines modifications, à la seconde nouveauté : la société est une construction artificielle, qu'il est possible de métamorphoser par d'autres conventions. Les perspectives, jusqu'alors insoupçonnées, qu'offrait l'essor prodigieux de la technique, ont renforcé le prestige de l'univers de l'artifice. Si l'on estime que la société existante est défectueuse, il convient d'en édifier une autre.

En effet, du moment qu'elle a été formée par les hommes, on peut la déformer (libéralisme), la transformer radicalement (socialisme), ou même envisager un type d'association qui n'a rien de commun avec la société (anarchisme). La conséquence en fut le développement des utopies sociales (Fourier, Cabet, Weitling…). Il existait déjà une pensée utopique dans l'Antiquité (Platon, Jambule) ; elle a trouvé un nouvel envol, à partir du XXVIIème siècle (Morus, Bacon), qui accentua le déclin de la philosophie politique aristotélicienne, au profit de la philosophie platonicienne.

---

[15] FREUND (Julien).- « Politique » dans *Encyclopédie Philosophique Universelle* II, *Les Notions Philosophiques, Dictionnaire*, p. 1981.

[16] HEGEL(G.W.F.).- *Principes de la philosophie du droit*, Paris, Tel/Gallimard 1993, p. 117.

La prédominance de la philosophie révolutionnaire, en particulier, avec la diffusion du marxisme, s'accompagne de l'amplification d'idéologies diverses, dont certains préconisaient le recours à la violence, pour hâter la gestation de la société nouvelle. Georges Sorel écrira, à ce propos, dans ses *Réflexions sur la violence* ; « *Depuis le XVIIIème siècle, et presque sans interruption, les économistes ont été partisans de pouvoirs forts et assez soucieux des libertés politiques.*[17] » D'autres comme Jean-Paul Sartre, préconisent une terreur matérielle et intellectuelle[18].

Le tassement des philosophies de l'Histoire, régnantes au cours du XIXème siècle, et l'émergence de la phénoménologie, conduisirent à des révisions dans la sphère de la philosophie politique. L'impulsion fut donnée par Max Weber, non seulement par ses analyses de la vie politique, mais aussi par son épistémologie, dont l'esprit orienta les travaux de Carl Schmitt et Raymond Aron. On assista pendant quelque temps à un débat, parfois à une polémique, entre la recherche positive et l'élan idéologique. Il eut pour résultat d'ouvrir davantage l'éventail de la réflexion sur la politique et d'étendre le champ des spécialisations. On ne peut encore évaluer aujourd'hui le bénéfice de cette disposition pour la philosophie, mais selon toute vraisemblance, il sera avantageux.

Ce nouvel esprit s'est caractérisé par une séparation entre les sciences politiques et la philosophie politique, les unes et les autres gouvernant respectivement des domaines différents, désormais livrés à des analyses sectorielles, plus fines et plus approfondies. En effet, les secteur des

---

[17] SOREL (Georges).- *Réflexions sur la violence*, Paris, Seuil 1990, pp. 177-178.

[18] SARTRE (Jean-Paul).- *Critique de la Raison dialectique*, Paris, Gallimard 1960, pp. 449-450.

sciences politiques semble actuellement le plus fécond, du moins quantitativement, si l'on considère la multiplicité des recherches élaborées sous l'égide de la *political science* américaine, dont les retombées en Europe sont également prolifiques, tantôt limitées à des auteurs, tantôt à des périodes historiques, ou encore sur l'ensemble des investigations rn matière politique, à l'image du *Traité de science politique* de Georges Burdeau.

Il s'agit donc d'un fractionnement de l'univers politique, parfois sous forme monographique, mais qui enrichit la réflexion philosophique : les études sur la justice du type de John Rawls, celles sur le droit naturel avec Lewis Strauss, ou encore celles qui portent sur les partis politiques, le phénomène révolutionnaire, les systèmes électoraux, la société industrielle et technologique ou sur le totalitarisme de P. Blau, K. Deutsche, D. Easton, D. Dehl et les autres. De ce point de vue, il faut souligner la contribution de la sociologie et de l'anthropologie politique, ramifiée en directions diverses : la direction marxisante avec l'Ecole de Francfort, Herbert Marcuse et Louis Althusser, la direction libérale indépendante avec Hayek, Popper ou Röpke, mais aussi la direction indépendante comme celle de G. Ferrero, Ernst Bloch ou Hannah Arendt. Il est même souvent difficile de faire la part de ces travaux entre la spéculation philosophique et l'apport strictement scientifique.

Ce foisonnement de recherches multiformes qui se développent dans une certaines confusion, a incité la philosophie contemporaine à mieux définir l'originalité de son approche du problème politique. A ce titre, elle a été amenée à insister dur la distribution entre la politique et le politique. Le premier instigateur de cette différenciation est Carl Schmitt. En effet, cette démarcation se trouve déjà ébauchée dans les titres des deux dialogues de Platon : *La République* et *Le Politique.* Aristote a suggéré une différenciation analogue, puisqu'il a collecté un nombre considérable de constitutions de son temps (seule sa *Constitution d'Athènes* nous est parvenue) et qu'il s'est attaché à faire une analyse générale du phénomène politique comme tel dans sa *Politique*. Il ne serait pas difficile de retrouver les traces de cette discrimination dans la succession séculaire des œuvres de philosophie politique. Nous nous bornerons à exposer la manière dont les contemporains envisagent cette distinction.

Pour Julien Freund, « *comme toute action, l'action politique a, elle aussi, un sens surtout existentiel, c'est-à-dire à force d'affronter le concret ondoyant, contingent et incident, elle en vient parfois à négliger l'essentiel.*[19] » En clair, la politique est l'activité pratique, existentielle et contingente d'hommes qui s'efforcent de résoudre les problèmes concrets qui se posent dans une société déterminée, compte tenu des conditions empiriquement et historiquement variables, avec le secours des institutions données ou à instaurer. Et notre auteur de reconnaître que « *toute action politique joue avec la peur, tripote des intérêts, mais elle aussi est aussi un service d'honneur et suscite le dévouement. La vérité politique n'est donc pas dans le juste milieu : elle exige de l'audace, de la prévision et le courage de se salir.*[20] » La politique, comme telle, est opérative et normative, c'est-à-dire elle met en œuvre des moyens pour atteindre un certain but, dans une situation spatio-temporelle donnée.

La politique a des moyens occurrents et conjoncturels qui méritent une analyse diversifiée. Ses relations avec les autres activités, économiques, religieuses, scientifiques, esthétiques, ou autres, ainsi que l'étude des institutions particulières et changeantes, constituent l'objet des sciences politiques (politologie, sociologie, anthropologie,

[19] FREUND (Julien).- *Qu'est-ce que la politique ?* Paris, Sirey, 1965, p. 21.
[20] FREUND (Julien).- *Qu'est-ce que la politique ?* Paris, Sirey, 1965, p. 182.

démographie, géopolitique). La philosophie s'occupe plus spécialement du phénomène politique, dans sa spécificité en vue de la distinguer de l'économique, du religieux, du scientifique, d'en définir, suivant la terminologie des divers auteurs, les catégories ou les présupposés, et d'estimer sa signification dans l'ensemble de la vie humaine, compte tenu des nombreuses théories et doctrines qui ont essayé de cerner le phénomène. Ainsi Carl Smith pense que *« le politique résiderait donc en dernière analyse dans des distinctions qui lui sont propres, auxquelles pourrait se ramener toute activité politique au sens spécifique du terme.*[21] » Il va de soi qu'il y a toutes sortes de transitions entre la politique et le politique, dans la mesure où il existe un jeu perpétuel d'enchaînements entre la théorie et l'action. Après cet excursus, nous devons positionner Nietzsche dans la pensée contemporaine et voir sa conception de la politique.

---

[21] SCHMITT (Carl).- *La notion de politique*, Paris, Calmann-Levy, 1972, p. 65.

2. NIETZSCHE ET LA POLITIQUE

Notre intérêt pour l'étude de la politique chez Nietzsche est partie de ces nombreuses affirmations déroutantes parmi lesquelles l'une d'entre elles : « *C'est seulement à partir de moi qu'il y a dans le monde une grande politique.*[22] » Nous voulions en savoir plus auprès de celui qui a dit : « Il s'agit désormais dans toute politique de rendre la vie supportable au plus grand nombre. » Comprendre la politique chez Nietzsche, n'est-ce pas en faire une sorte de généalogie ?

Dans l'introduction à leur anthologie intitulée *political wrintings of Friedrich Nietzsche* (Les écrits politiques de Friedrich Nietzsche), (texte que nous traduisons de l'anglais en français, surtout - les citations en français du présent texte sont de nous - deux auteurs, Franck Cameron et Don Dombowsky nous rappellent que Nietzsche, né à Roëcken, le 15 Octobre 1844, est mort le 25 Aout 1900, à Weimar. Ses parents, des personnes d'une grande piété, l'avaient appelé Frédéric, en souvenir du Roi de Prusse, Frédéric Guillaume IV. Ils avaient tous les deux le même jour de naissance. Avec son père, Ludwig, un pasteur luthérien, Nietzsche dédaignait les révolutions libérales de 1848.

Ainsi d'après nos auteurs, « *Curtis Cate se rappelle (ce fait) qu'en référence à la Révolution de Février de Paris et aux insurrections qu'elle a provoquées en Allemagne, 'après que Ludwig Nietzsche ait lu le compte rendu de ces événements qui disaient que pour apaiser les foules bruyantes qui s'agglutinaient autour du palais royal de Berlin, le monarque prussien (Guillaume- Frédéric IV) avait revêtu la cocarde rouge des révolutionnaires, il fut*

[22] NIETZSCHE (Friedrich).- *Œuvres Complètes II Ecce Homo.* Pourquoi je suis un destin 1, Paris, Robert Laffont, 1993, p. 1192.

anéanti et pleura.[23] » C'est dans l'atmosphère chargée de l'époque bismarckienne que Nietzsche vient à la politique, comme l'atteste Hinton Thomas lorsqu'il écrit : « *La carrière active de Nietzsche l'écrivain, couvre presqu'exactement l'époque bismarckienne.*[24] » En observateur actif, non indifférent aux événements politiques de son époque, Nietzsche prit position sur tous ces événements, depuis la crise de Holstein-Schleswig de 1860[25] jusqu'à la montée de l'antisémitisme et de l'Etat chrétien de 1880. Mais la conscience politique de Nietzsche s'est formée par d'autres événements antérieurs : la révolution libérale de 1848-1849, les 'Guerres de libération' allemandes de 1813-1815, et la Révolution française de 1789 (cet événement fut décrit comme le point focal de tous les débats politiques du XIXe siècle)[26]. Nietzsche fut un opposant. Ces événements antérieurs ont une grande importance pour la formation de son identité et il affirme : « *Je n'aurais pas existé, sans cette race d'opposants, sans ces Allemands...sans Bismarck, sans 1848, sans ces guerres de libération, dans Kant, même sans Luther. Les grands crimes commis contre la culture par les Allemands se justifient par leur grande économie de la culture.*[27] »

Nous sommes d'accord avec Franck Cameron et Don Dombowsky[28] qui soutiennent contre Ronald Hayman[29]

---

[23] CAMERON (Frank) et DOMBOWSKY (Don).- *Political Writing of Friedrich Nietzsche. An Edited Anthology,* Palgrave, Macmillan 2008, p.1.

[24] CAMERON (Frank) et DOMBOWSKY (Don).- *Political Writing of Friedrich Nietzsche. An Edited Anthology,* Palgrave, Macmillan 2008, p.1.

[25] Le duché d'Holstein : Etat de la Confédération germanique, annexé en 1864 à la Prusse, en même temps que le Schleswig : 600 00 h(ldes Hosteinois), cap. Glukstadt.

[26] CAMERON (Frank) et DOMBOWSKY (Don).- *Political Writing of Friedrich Nietzsche. An Edited Anthology,* Palgrave, Macmillan 2008, p.1.

[27] CAMERON (Frank) et DOMBOWSKY (Don).- *Political Writing of Friedrich Nietzsche. An Edited Anthology,* Palgrave, Macmillan 2008, p.1.

[28] CAMERON (Frank) et DOMBOWSKY (Don).- *Political Writing of Friedrich Nietzsche. An Edited Anthology,* Palgrave, Macmillan 2008, p.1.

que Nietzsche était préoccupé non seulement par la culture mais aussi par la politique. Cette distinction, à notre avis, n'a pas lieu d'être. Ainsi, la rencontre de Goethe et de Napoléon en est une parfaite illustration pour Nietzsche, car à cette rencontre, la culture et la politique se sont rencontré et ont formé un front commun antinationaliste et antidémocratique, contre l'héritage de la Révolution française et les guerres de libération germaniques[30].

Etudiant à Schulpforta au début de 1860, et lors de l'ascension au pouvoir de Bismarck, les toutes premières expressions politiques de Nietzsche étaient monarchistes, nationalistes et antisocialistes. Ces points de vue ne durèrent pas longtemps, à l'exception de l'antisocialisme. Celle-ci a duré au point de constituer le fondement de sa pensée politique. D'une façon cohérente, Nietzsche a dit son indignation et sa réserve au sujet de l'organisation renforcée de la classe ouvrière en Europe, soutenue par les forces de l'Internationale Socialiste. A l'exception d'un soutien de jeunesse au candidat libéral et nationaliste, lors d'une élection communale, Nietzsche était un antilibéral. Ne se désignait-il pas, lui-même, comme un apolitique, c'est-à-dire un antinationaliste et un antidémocrate[31] ? En cela il y avait une corrélation directe entre la transformation de l'ordre politique et sa régénération culturelle. N'est-ce pas ce que des législateurs politiques comme Platon ont fait dans l'Antiquité en faisant coïncider la philosophie et le pouvoir politique ? Nietzsche, à notre humble avis, n'était pas contre l'Etat d'une façon catégorique. Pour lui, seul l''Etat séculier' était un nouveau danger et il s'opposait farouchement à

---

[29] CAMERON (Frank) et DOMBOWSKY (Don).- *Political Writing of Friedrich Nietzsche. An Edited Anthology,* Palgrave, Macmillan 2008, p.1.

[30] CAMERON (Frank) et DOMBOWSKY (Don).- *Political Writing of Friedrich Nietzsche. An Edited Anthology,* Palgrave, Macmillan 2008, p.2.

[31] CAMERON (Frank) et DOMBOWSKY (Don).- *Political Writing of Friedrich Nietzsche. An Edited Anthology,* Palgrave, Macmillan 2008, p.2.

l'Etat chrétien qui a surgi autour de 1880. En plus, il rejetait de la même main, le constitutionnalisme, le parlementarisme, le suffrage universel et éventuellement le nationalisme prussien et les principes conservateurs.

2.1 LE SYSTEME BISMARCKIEN DE GOUVERNEMENT

Selon l'historien allemand Wolfgang Mommsen, « Il est presque universellement accepté que la politique de Bismarck fut un essai… pour protéger l'ordre social existant contre les escarmouches de la démocratie, quel qu'en fût le prix, et pour écraser à leurs naissances, toutes les aspirations démocratiques.[32] » Le second empire allemand (le Kaiserreich) fut proclamé le 18 janvier 1871, et le 4 Mai, à la Galerie des Glaces, à Versailles, le Roi Guillaume 1er fut proclamé Empereur d'Allemagne. Le second Empire fut fondé sur une révolution qui vit Bismarck, « le Révolutionnaire blanc » imposer une politique nationaliste, à travers une alliance avec les Libéraux.

Le gouvernement de Bismarck fut caractérisé, d'une certaine façon par « un système semi-constitutionnel, avec des membres de partis politiques en supplément[33] ; (comme une dictature bonapartiste… pseudo-constitutionnelle, cæsariste[34] » ou « au mieux, une autocratie basée sur le consentement.[35] » Sans être excessifs, nous disons que le but de Bismarck était de

[32] CAMERON (Frank) et DOMBOWSKY (Don).- *Political Writing of Friedrich Nietzsche. An Edited Anthology,* Palgrave, Macmillan 2008, p.2.
[33] CAMERON (Frank) et DOMBOWSKY (Don).- *Political Writing of Friedrich Nietzsche. An Edited Anthology,* Palgrave, Macmillan 2008, p.2.
[34] CAMERON (Frank) et DOMBOWSKY (Don).- *Political Writing of Friedrich Nietzsche. An Edited Anthology,* Palgrave, Macmillan 2008, p.2.
[35] CAMERON (Frank) et DOMBOWSKY (Don).- *Political Writing of Friedrich Nietzsche. An Edited Anthology,* Palgrave, Macmillan 2008, p.2.

promouvoir les structures et les autorités militaro-féodales, conservatrices contre la démocratie et le parlementarisme[36]. Les vrais loyalismes étaient les Junger (les propriétaires terriens aristocrates réunis en classe). Dans le programme de Gotha, Karl Marx décrit le régime de Bismarck en ces termes : « Un despotisme militariste revêtu d'une grande cape de forme parlementariste, avec des ingrédients féodaux et, en même temps influencé par la bourgeoisie.[37] »

La nouvelle Allemagne était une entité fédérale unifiée par une nouvelle constitution qui offrait une fondation pour le progrès dans une direction démocratique. En dessous de la constitution, il y avait trois branches de gouvernement : l'exécutif, qui était tenu par le Chancelier et le Roi de Prusse (comme Empereur allemand), qui avait des pouvoirs substantiels, y compris le contrôle de l'armée ; le Conseil Fédéral (Bundestrat) qui représentait les Etats variés du Reich, possédant le pouvoir de réviser la constitution ; et le Parlement (Reich), élu au suffrage universel et au bulletin secret, et dont le consentement était requis pour toute législation. Tandis que le Reichstag possédait le pouvoir significatif en théorie, il pouvait, néanmoins être dissous par l'Empereur sur avis du Chancelier[38] ; Bismarck avait l'intention de faire du parlement un corps passif, en donnant au Reich un vernis de démocratie. Sa stratégie fut de contenir le potentiel révolutionnaire des forces sociales démocratiques en Allemagne, et il pensait qu'un système fort et autoritaire, manipulant le Reichstag à travers des concessions contrôlées, pouvait accomplir cette tâche. La peur de

---

[36] CAMERON (Frank) et DOMBOWSKY (Don).- *Political Writing of Friedrich Nietzsche. An Edited Anthology,* Palgrave, Macmillan 2008, p.2.

[37] CAMERON (Frank) et DOMBOWSKY (Don).- *Political Writing of Friedrich Nietzsche. An Edited Anthology,* Palgrave, Macmillan 2008, p.2.

[38] CAMERON (Frank) et DOMBOWSKY (Don).- *Political Writing of Friedrich Nietzsche. An Edited Anthology,* Palgrave, Macmillan 2008, p.2

Bismarck de ces forces révolutionnaires, était « l'une des raisons pour laquelle, il accordait des droits plus parlementaristes aux demandes modérées des libéraux.[39] » Pour Bismarck, « chaque étape dans la direction d'une participation d'une masse authentique, à la politique, signifie un accroissement de la force révolutionnaire qui produirait d'abord une classe, et ensuite une dictature cæsariste.[40] » Depuis la Commune de Paris en 1871, Bismarck avait ressenti une haine profonde pour les socialistes et les anarchistes et il envisageait de restreindre leurs pouvoirs avec détermination.

La position de Nietzsche sur Bismarck de 1866 à 1887 était à peu près positive Car ce dernier partageait les mêmes anxiétés envers les partis politiques, le socialisme et le parlementarisme. Nietzsche continuait d'avoir de l'admiration pour Bismarck, lorsqu'il critiquait les développements démocratiques à l'intérieur du *Reich* jusqu'à la rupture finale en 1888[41]. Avec Duncan Large nous pensons que la rupture de Nietzsche avec Bismarck survint en 1888 car ce dernier ne pouvait pas « continuer indéfiniment de maintenir une image positive de Bismarck et condamner le *Reich* sa création. Un équilibre difficile à tenir. En effet, Bismarck, pour Nietzsche, était un *« 'esprit libre' qui pratiquait une politique avisée dans un jeu de forces. Bismarck était, pour lui, ' le type allemand fort' qui vivait innocemment au milieu des opposants et possédait une sorte de force souple qui évitait prudemment, convictions et doctrine et utilisait une arme contre l'autre, et se réservait la liberté absolue pour elles-*

[39] CAMERON (Frank) et DOMBOWSKY (Don).- *Political Writing of Friedrich Nietzsche. An Edited Anthology,* Palgrave, Macmillan 2008, p.2
[40] CAMERON (Frank) et DOMBOWSKY (Don).- *Political Writing of Friedrich Nietzsche. An Edited Anthology,* Palgrave, Macmillan 2008, p.2
[41] CAMERON (Frank) et DOMBOWSKY (Don).- *Political Writing of Friedrich Nietzsche. An Edited Anthology,* Palgrave, Macmillan 2008, p.2

mêmes.[42] » (Il nous semble juste de dire avec A.J.P Taylor que Bismarck était constamment en train de balancer entre des forces invariables et les jouait les unes contre les autres ; et il avait un objectif, celui d'être le partenaire dominant dans toute association. Il ne fut jamais identifié à toute cause, soit de monarchie, soit de nationalisme allemand, ou plus tard de conservatisme). Comme un stratège et un manipulateur, Bismarck avait presque maîtrisé *l'agon.* » « *le conflit des forces opposées était pour lui la condition du progrès humain, d'où une part intentionnelle du 'plan divin'*[43] » Comme la plupart de ses contemporains, Nietzsche voyait en Bismarck, un être machiavélique, en référence au *Gai Savoir*, « *voir le chapitre sur le machiavélisme de Bismarck... avec une bonne conscience, ses soi-disant 'pratiques politiques en Allemagne.*[44] » Rappelons que Otto Von Bismarck-Scöhausen, homme d'Etat allemand, d'origine prussienne '1815-1898), de 1847 à 1862, député au Landtag et diplomate, en 1862, président du Conseil et ministre des Affaires étrangères du roi de Prusse, fut l'artisan de l'unité allemande et de la fondation de l'Empire en 1871. Chancelier de l'Empire depuis cette date, il sera contraint de démissionner en 1890, peu après l'avènement de Guillaume II. Bismarck pratiqua une politique pragmatique ou réaliste (*Realpolitik*) de rapports de forces.

La remarque de Peter Bergmann nous paraît pertinente lorsqu'il écrit : « *Ce qui semblait particulièrement 'révolutionnaire' à Nietzsche, était un apparent mépris de Bismarck pour les revendications morales de la politique* ». Nous pourrons comparer cela à sa précoce

[42] CAMERON (Frank) et DOMBOWSKY (Don).- *Political Writing of Friedrich Nietzsche. An Edited Anthology,* Palgrave, Macmillan 2008, p.2

[43] CAMERON (Frank) et DOMBOWSKY (Don).- *Political Writing of Friedrich Nietzsche. An Edited Anthology,* Palgrave, Macmillan 2008, p.2

[44] NIETZSCHE (Friedrich).- *Œuvres Complètes* II. Gai Savoir, livre cinquième, n° 357, Paris, Robert Laffont, 1991, p. 224

admiration pour Napoléon III[45]. Bismarck était un partisan du réalisme politique (*Realpolitik* – un terme inventé en 1854 par August Ludwig Von Rochau dans son livre *grundsätzen derRealpolitik*). A l'instar de Machiavel, Bismarck considérait que « *l'essence de la politique devrait être le pouvoir.*[46] » L'Etat, selon lui, était primitivement un appareil de gouvernement et de pouvoir, et un moyen pour des fins concrètes, pratiques. » Il croyait que « le *pouvoir avait un ascendant sur la loi.*[47] »

Nietzsche appartenait à l'historiographie de ceux qui voyaient dans la stratégie dominante de Bismarck, « une stratégie à dominante bonapartiste[48] – une combinaison de répressions des opposants...des concessions aux demandes libérales, progressistes et une diversion de pressions nationales en des aventures à l'étranger. » Une telle interprétation voyait en Bismarck un « maître de la *Realpolitik* machiavélique.[49] » Nietzsche reconnaissait que la technique de Bismarck était une « intégration négative », que Bismarck « résolvait les conflits internes afin de conduire une majorité d'éléments « loyaux à l'Empire » contre une minorités d'ennemis de l'Empire (*Reichfeinde*). Les derniers devaient apparaître comme un danger sérieux, sans toujours poser une réelle menace au système. « *Les coalitions diverses des groupes loyaux à*

---

45 CAMERON (Frank) et DOMBOWSKY (Don).- *Political Writing of Friedrich Nietzsche. An Edited Anthology,* Palgrave, Macmillan 2008, p.3

46 CAMERON (Frank) et DOMBOWSKY (Don).- *Political Writing of Friedrich Nietzsche. An Edited Anthology,* Palgrave, Macmillan 2008, p.3

47 CAMERON (Frank) et DOMBOWSKY (Don).- *Political Writing of Friedrich Nietzsche. An Edited Anthology,* Palgrave, Macmillan 2008, p.4

48 CAMERON (Frank) et DOMBOWSKY (Don).- *Political Writing of Friedrich Nietzsche. An Edited Anthology,* Palgrave, Macmillan 2008, p.4

49 CAMERON (Frank) et DOMBOWSKY (Don).- *Political Writing of Friedrich Nietzsche. An Edited Anthology,* Palgrave, Macmillan 2008, p.4

l'Empire étaient ensemble primitivement par leurs ennemis, vers un ennemi commun – une base négative.[50] »

Nietzsche reconnaissait ces techniques dans *Crépuscule des idoles* comme des moyens utilisés virtuellement par tous les partis politiques et par le nouveau *Reich.*[51] Essentiellement, il rejetait Bismarck parce qu'il était incapable d'empêcher les forces de la démocratie et le début du travail organisé[52]. Graduellement, il voyait « l'esprit allemand » « faire sa transition, sous une pompeuse simulation de fonder un *Reich*, d'une échelle de médiocrité aux « *idées modernes*[53] ». il ne rejetait pas Bismarck, comme il est souvent fait état, strictement à cause de sa *Machtpolitik* et de son antisémitisme[54]. On devrait se rappeler que Bismarck a impliqué les Allemands dans les guerres seulement en trois occasions, 1864,1866 et 1870[55], et qu'en 1873, il avait mené une politique étrangère pacifique, de négociation et de coalition avec trois Empereurs dont celui de Russie et d'Autriche-Hongrie.

Six grands partis politiques siégeaient au *Reichstag* durant la période bismarckienne. Parmi eux, il y avait d'abord, le Parti Conservateur allemand : l'aile la plus à droite des six, qui représentait le nationalisme prussien et la classe aristocratique *Junker*. Au plan fédéral, il était antinationaliste et était opposé à l'unification de

---

[50] CAMERON (Frank) et DOMBOWSKY (Don).- *Political Writing of Friedrich Nietzsche. An Edited Anthology,* Palgrave, Macmillan 2008, p.4.

[51] NIETZSCHE (Friedrich).- *Œuvres Complètes II. Crépuscule des Idoles* n° 3, Paris, Robert Laffont, 1991, p. 970

[52] CAMERON (Frank) et DOMBOWSKY (Don).- *Political Writing of Friedrich Nietzsche. An Edited Anthology,* Palgrave, Macmillan 2008, p.4.

[53] CAMERON (Frank) et DOMBOWSKY (Don).- *Political Writing of Friedrich Nietzsche. An Edited Anthology,* Palgrave, Macmillan 2008, p.4.

[54] CAMERON (Frank) et DOMBOWSKY (Don).- *Political Writing of Friedrich Nietzsche. An Edited Anthology,* Palgrave, Macmillan 2008, p.4.

[55] CAMERON (Frank) et DOMBOWSKY (Don).- *Political Writing of Friedrich Nietzsche. An Edited Anthology,* Palgrave, Macmillan 2008, p.4.

l'Allemagne. Mais il rejetait aussi le *Reichstag*, parce qu'il acceptait l'élection au suffrage universel mâle. Il nous apparaît que l'avis de Ludwig Von Gerlach devrait être partagé quand il écrit : « *(Le Parti Conservateur allemand) devrait être chrétien, monarchiste, agriculteur, militaire et social, mais par-dessus tout, indépendant et non un parti bismarckien.*[56] » Les politiciens modernes et les antisémites sont entrés dans le Parti Conservateur allemand, par l'intermédiaire, à la fois, des disciples conservateurs « démocrates chrétiens » tels qu'Adolphe Stöcker et les membres de la Ligue Agricole.

Le deuxième parti était le Parti Conservateur Libre. Il était constitué d'industriels et de commerçants ayant des intérêts considérables dans le pays. Les opinions politiques des membres de ce parti ressemblaient la plupart du temps à ceux de Bismarck. Ce parti supportait l'unification de l'Allemagne. Essentiellement conservateur, ses principes primaires consistaient en ce que « le nouveau *Reich* ne devait pas puiser sa souveraineté dans des principes rationnels abstraits – tels que la théorie de la « Loi naturelle » (ou la théorie du Contrat Social), mais dans le principe de l' « Etat Chrétien », lequel prenait sa source dans l'autorité et la justification de la doctrine luthérienne de l'Etat dont le fondement était le livre de Luther, intitulé *Earthy Governement* (1523)[57]. » Le Parti Conservateur supportait généralement l'Etat national sous l'hégémonie prussienne, plaçait l'autorité de l'Eglise et les intérêts politiques et économiques des classes sociales traditionnelles « organiques » au-dessus du régime constitutionnaliste et parlementariste.

---

[56] CAMERON (Frank) et DOMBOWSKY (Don).- *Political Writing of Friedrich Nietzsche. An Edited Anthology,* Palgrave, Macmillan 2008, p.4.
[57] CAMERON (Frank) et DOMBOWSKY (Don).- *Political Writing of Friedrich Nietzsche. An Edited Anthology,* Palgrave, Macmillan 2008, p.5.

Le troisième parti était le Parti National Libéral constitué de fermes supporteurs du gouvernement constitutionaliste, mais non du système parlementariste britannique. Il représentait la classe moyenne riche et éduquée, supportait l'unification nationale et soutenait le laissez-faire économique et la sécularisation. Il était pour la *Kulturkampf* et les lois antisociales, *et* devint l'un des promoteurs les plus énergiques de l'impérialisme allemand et des acquisitions coloniales.

Le quatrième parti était le Parti Libéral Progressiste, connu sous le nom de « Les Libéraux de Manchester ». Il suivait les principes du libéralisme classique et défendait la démocratisation croissante du système politique et l'extension du *Reichstag*. (Des sécessionnistes se séparèrent des Libéraux nationaux en 1881 et fusionnèrent avec les Progressistes en mars 1884, formant le nouveau Parti Allemand de la Pensée Libre, connu sous le nom du « Parti du Prince couronné » à cause de sa claire préférence pour les points de vue « libéraux » du Prince couronné Friedrich.) Le parti Progressiste était l'avant-garde de ces forces opposées à la loi autoritariste de Bismarck.

Le cinquième parti était le Parti du Centre Catholique, fondé en 1870 pour défendre les droits et les intérêts de la minorité catholique à l'intérieur du Nouveau *Reich*. Il faisait allégeance à Rome. Conservateur dans la défense de la tradition, de l'autorité monarchique et de la structure hiérarchique de la société, il tendait encore à être progressiste en matière de réforme sociale, par exemple, en organisant les communautés des vendeurs catholiques et en aidant les pauvres à relever leur niveau de vie[58]. Ce parti était anti-capitaliste et votait pour Bismarck à cause de ses initiatives sociales en matière d'assurance en 1880.

---

[58] CAMERON (Frank) et DOMBOWSKY (Don).- *Political Writing of Friedrich Nietzsche. An Edited Anthology,* Palgrave, Macmillan 2008, p.5

Les mesures sévères de Bismarck contre l'Eglise Catholique Romaine en 1870 – *Kulturkampf* – qui essayait de réduire le pouvoir de l'Eglise Catholique en matière d'éducation et en matière sociale en général, lui mirent à dos le parti du Centre Catholique.

En sixième position venait le Parti Social Démocrate dont les membres supportaient le développement de la démocratie parlementaire et du droit démocratique basé sur l'égalité. Il supportait la Révolution mais la majorité de ses membres « *acceptaient l'assomption de la Démocratie sociale pour le Parlementarisme, à la fois en théorie et en pratique.*[59] » Le Parti marxiste SPD fut fondé à Gotha en 1875, par la fusion de l'association générale des travailleurs allemands de Ferdinand Lassalle (formée en 1873= qui soutenait le socialisme étatique, et du parti travailliste socio-démocrate de Wilhelm Liebknecht (formé en 1869) qui aspirait à établir une société communiste sans classes. Ce parti représentait les travailleurs des régions industrielles et s'est étendu rapidement. Pour ces leaders, la démocratie politique « *devrait devenir la démocratie sociale ; elle devrait englober les intérêts économiques et sociaux de la classe ouvrière.*[60] » les membres du SPD étaient contre les Patriotes, pour la Commune, antichrétiens et anticolonialistes. Le Parti du Centre Catholique et les Sociaux Démocrates étaient les principaux opposants à Bismarck. Ce dernier n'avait pas compté avec l'émergence des nouveaux partis tels que le parti du centre Catholique ou les Sociaux Démocrates qui, tous, à la fois, commençaient à participer aux élections impériales prussiennes au début de 1870. Longtemps il avait

---

[59] CAMERON (Frank) et DOMBOWSKY (Don).- *Political Writing of Friedrich Nietzsche. An Edited Anthology,* Palgrave, Macmillan 2008, p.5

[60] CAMERON (Frank) et DOMBOWSKY (Don).- *Political Writing of Friedrich Nietzsche. An Edited Anthology,* Palgrave, Macmillan 2008, p.6

considéré ces partis, avec la gauche du Parti Libéral comme des ennemis du *Reich*[61].

Il est important de faire également un commentaire de l'un des journaux conservateurs dominants de cette période, qui a exercé une influence considérable sur les questions politiques, le *Kreuzzeitung*, dirigé par Wilhelm Von Hammerstein, dans lequel Bismarck écrivait. Dans son manifeste nous lisons : « *(Le fait de) reconstruire avec la plus grande énergie la religion 'chrétienne et les fondements éthiques de l'Allemagne, de regarder la souveraineté de l'Etat comme un principe qui émane d'une source divine est un devoir important.*[62] » La *Kreuzzeitung* était élitiste et croyait que les classes sociales étaient incorporées dans un ordre de relations hiérarchiques. Elle était antisocialiste, antilibérale, anticapitaliste et antisémite. Opposée à la *Kulturkampf*, elle défendait les droits de l'Eglise et la coopération entre le protestantisme et le conservatisme catholique[63]. Elle exerçait, en outre, une influence significative sur le Parti Conservateur allemand et était en parfaite connexion avec le mouvement social chrétien de Stöcker. Si nous devions regarder Nietzsche comme le leader d'un grand parti politique, nous pouvons penser comme il le dit lui-même dans *Ecce Homo,* qu'il est le fondateur du « *Nouveau Parti de la Vie.*[64] » Où situer ce Parti dans le spectre politique ? En la classant, cette philosophie dionysiaque ne sape-t-elle pas ses positions politiques ? Nietzsche ne s'est-il pas placé à la suite des directives politiques ? Nous

---

[61] CAMERON (Frank) et DOMBOWSKY (Don).- *Political Writing of Friedrich Nietzsche. An Edited Anthology,* Palgrave, Macmillan 2008, p.6

[62] CAMERON (Frank) et DOMBOWSKY (Don).- *Political Writing of Friedrich Nietzsche. An Edited Anthology,* Palgrave, Macmillan 2008, p.6.

[63] CAMERON (Frank) et DOMBOWSKY (Don).- *Political Writing of Friedrich Nietzsche. An Edited Anthology,* Palgrave, Macmillan 2008, p.6.

[64] NIETZSCHE (Friedrich).- *Œuvres Complètes II. Ecce Homo. Pourquoi j'écris de si bons livres.*, Paris, Robert Laffont 1993, p. 1156.

allons surseoir à cette idée que « le nietzschéisme n'était pas – n'aurait pas été capable d'être – une idéologie politique séparée, soutenue par son propre parti ou son mouvement politique. » Afin de commencer à répondre à ces questions, nous devons comprendre d'où il tenait avec respect les événements politiques formateurs de l'époque bismarckienne.

Ceux-ci incluent, en outre, la guerre franco-prussienne, la *Kulturkampf*, les lois anti-sociales, la 'question sociale' et l'antisémitisme.

2.2. LA CRISE HOLSTEIN-SCHLESWIG ET LA GUERRE FRANCO-PRUSSIENNE

Né en 1815, Otto Von Bismarck était un descendant d'une longue lignée de Junkers prussiens qui étaient habitués à la monarchie prussienne, parfois par la voie militaire. Une fois dans un célèbre discours, Bismarck proclamait que l'Allemagne ne devait pas compter sur le libéralisme de la Prusse, mais sur sa puissance, et que les grandes questions de ce temps ne pouvaient pas être résolues par des discours et des votes à la majorité – ce qui était une grande faute en 1848 et 1849 – mais dans le *sang et par le fusil.*

La mort du Roi Frédéric du Danemark en Novembre 1863 apparut à un point critique de cette affaire complexe Holstein-Schleswig et a pu fournir à Bismarck l'opportunité de s'impliquer dans ce registre de violence. Le duché d'Holstein était une partie de la Confédération allemande et entièrement allemande, vu que Schleswig était un fief danois et linguistiquement mélangé entre les Allemands, les Danois et les Frisons nordiques. Le roi danois servait comme duc sur deux duchés. A l'automne 1863, le Danemark viola la position post-révolutionnaire de 1852 quand il adopta une nouvelle constitution qui voulait intégrer le duché de Schleswig au royaume danois. Le roi danois mourut brusquement par la suite, sans héritier mâle, ce qui entraîna des disputes pour sa succession dans les duchés, aussi bien pour les questions constitutionnelles qui impliquaient les relations des duchés à la couronne danoise, l'une ou l'autre, et du duché de Holstein à la Confédération allemande. Bismarck voyait en la crise Holstein-Schleswig, une occasion pour accroître davantage le territoire prussien, en annexant les deux duchés, mais il réalisa qu'il y avait d'importantes étapes à franchir et cela allait prendre beaucoup de temps. Pour commencer, il persuada l'Autriche de faire alliance avec la Prusse et avec cette coalition, il demanda au Danemark de retirer sa constitution qui est une violation au protocole de Londres de 1852. Après que le Danemark eût refusé, les troupes autrichiennes entrèrent à Schleswig en janvier 1864 et le 18 avril, après avoir donné l'assaut aux fortifications de Druppel dans le Jutland, l'armée commune acquit une victoire militaire décisive. En quelques mois les Danois furent défaits, le Traité de Vienne fut signé et les deux Duchés furent cédés à la Prusse et à l'Autriche. La victoire de Bismarck fut saluée avec un grand enthousiasme en Prusse et à travers toute l'Allemagne, y compris à Pforta, la fameuse école où Nietzsche étudiait.

En observateur enthousiaste de la guerre danoise, Nietzsche projetait qu'il aurait pu passer le Noël sur le champ de bataille de Schleswig-Holstein. Il donna cette explication à sa famille en ces termes : « *Empêcher (le service militaire) aurait été difficile.. de plus, j'ai un peu le désir de le faire.*[65] » Il fut enregistré pour le service militaire en Mars 1864 durant le conflit, mais cette guerre fut achevée sans cette implication de Nietzsche à la faire.

[65] CAMERON (Frank) et DOMBOWSKY (Don).- *Political Writing of Friedrich Nietzsche. An Edited Anthology,* Palgrave, Macmillan 2008, p.7

Informé de l'attaque prussienne à Düppem, Nietzsche savoura la victoire militaire de l'armée[66].

La guerre danoise a fait germer les graines d'une confrontation avec l'Autriche, car Bismarck avait réalisé que si la Prusse devait émerger comme une puissance dominante en Allemagne, l'Autriche devait être battue. Bismarck savait aussi qu'une guerre entre la Prusse et l'Autriche démantèlerait la Confédération allemande et déciderait du futur de l'Allemagne. Une partie de son plan d'avant-garde consistait à poursuivre ses efforts pour sécuriser la coopération étrangère. La Prusse reçut la confirmation de la neutralité de Napoléon III et entra dans une alliance avec l'Italie, le 6 Avril 1866 qui viola les termes de la constitution de la Confédération allemande. Explicitement ceci interdisait une alliance avec une puissance étrangère contre l'un de ses propres membres. Bismarck continua à donner un ultimatum avant la Diète, demandant l'acceptation inconditionnée du plan de la Prusse pour la Réforme de la Confédération allemande. Ce plan proposait l'établissement d'un parlement allemand élu démocratiquement et était destiné à isoler l'Autriche des Etats allemands du Sud. Il fut voté le 14 Juin 1866, mais cela n'empêcha pas Bismarck d'entrer en guerre. Il envoya ses troupes à Hanovre, en Saxe et en Hesse-Cassel, et trois semaines plus tard, le 3 Juillet, les Prussiens mettaient en déroute les Autrichiens à Königgrâtz. A nouveau Bismarck était un héros national.

Les termes du traité de paix, entre la Prusse et l'Autriche, signé à Prague, le 23 Août 1866, eurent pour résultat l'ascendance absolue de la Prusse en Allemagne du Nord. L'Autriche fut toujours vaincue par l'Allemagne et donna son consentement à la Prusse pour organiser le Nord de l'Allemagne comme elle la jugea capable. Le 3

---

[66] CAMERON (Frank) et DOMBOWSKY (Don).- *Political Writing of Friedrich Nietzsche. An Edited Anthology,* Palgrave, Macmillan 2008, p.7

Juillet 1866, un jour avant que Berlin fût informée de la victoire militaire prussienne, les élections de la *Landtag* eurent lieu en Prusse. Les Libéraux subirent de lourdes pertes, avec le parti progressiste, témoignant d'une perte prononcée de ses sièges, tandis que les Conservateurs bénéficiaient d'une montée remarquable. Les événements de 1866 représentèrent une révolution vers le haut, de la monarchie militaire prussienne qui changea le paysage politique en Europe et des développements politiques internes à la Prusse.

C'est avec un grand intérêt que Nietzsche suivit le déroulement de la guerre de la Prusse contre l'Autriche, dès le début, il se déclara fièrement comme « un farouche prussien ». Après que les troupes prussiennes eurent occupé Leipzig où Nietzsche résidait, il écrivit une lettre pleine d'émotions à sa famille, commentant les événements qui disait : « *Trouver un Etat allemand unifié, dans cette voie révolutionnaire, et une audace de la part de Bismarck ; le courage et la consistance sans pitié qu'il a eus, mais il sous-estime les forces morales dans le peuple. Cependant, les ultimes mouvements sont excellents ; au-dessus de tout, il a connu comment mettre une part plus large, sinon une part plus large de la culpabilité sur l'Autriche.*[67] » Ces remarques, non seulement expriment son patriotisme prussien, mais aussi révèlent son admiration pour le savoir machiavélien de l'homme d'Etat, Bismarck.

La victoire sur l'Autriche révéla aussi à Nietzsche, quelques doutes prolongés au sujet du jeu audacieux de Bismarck, et il confessa qu'il y avait « *presque une joie nouvelle et rare d'en sentir une pour une fois entièrement*

---

[67] CAMERON (Frank) et DOMBOWSKY (Don).- *Political Writing of Friedrich Nietzsche. An Edited Anthology,* Palgrave, Macmillan 2008, p.8

qu'il existe un gouvernement.[68] » Durant cette période, Nietzsche critiqua le conservatisme et la *Kreuzzeitung*, le principal organe d'informations des conservateurs extrêmes. A la place, au plan politique, il fit allégeance à un groupe local de libéraux bismarckiens conduit par Gustav Fretag et Karl Bidermann, tous les deux étaient d'accord avec l'appel à l'annexion d'Heinrich Von Treitschke. Nietzsche soutenait l'annexion prussienne de la Saxe qui aurait, éventuellement conduit à la formation de la Confédération de l'Allemagne du Nord, proclamant que cela servait le mieux ses « *propres intérêts personnels.*[69] »

Bismarck passa les mois prochains, à préparer une nouvelle constitution pour la Confédération de l'Allemagne du Nord qui fut approuvée par le *Reichstag* constitutif le 16 Avril 1867. Cependant, l'unification allemande n'aurait pas été accomplie si et seulement si les Etats du Sud n'avaient pas rejoint la Confédération, et cette perspective était peu probable sans une guerre avec la France.

En 1870 cette proposition pour un prince Hohenzollern d'accéder au trône d'Espagne qui devait demeurer vacant après la Révolution de 1868, précipita un conflit entre la Prusse et la France. Le trône fut offert au Prince Léopold de Hohenzollern qui, après l'avoir refusé, l'accepta finalement le 21 Juin 1870, avec le consentement accordé à contrecœur du roi Guillaume 1er. Napoléon III fut grandement perturbé par ces arrangements clandestins faits par la maison des Hohenzollern qu'il avait traitée avec respect. La France fut opposée à son voisin du Sud, en ayant un Hohenzollern sur le trône. Napoléon III

---

[68] CAMERON (Frank) et DOMBOWSKY (Don).- *Political Writing of Friedrich Nietzsche. An Edited Anthology,* Palgrave, Macmillan 2008, p.8

[69] CAMERON (Frank) et DOMBOWSKY (Don).- *Political Writing of Friedrich Nietzsche. An Edited Anthology,* Palgrave, Macmillan 2008, p.8

comprit qu'un échec pour répondre à la candidature aurait conduit à la fin de son règne. La France donna un sévère avertissement à la Prusse qui n'aurait pas toléré qu'une puissance étrangère plaçât l'un de ses princes sur le trône d'Espagne, comme cela devait changer la balance du pouvoir. Sur ce point, Bismarck avait été un farouche avocat de la candidature, peut-être avec l'intention de faire la guerre à la France. Il aurait pu être outragé quand le prince Léopold se résigna volontairement, quand il signa une victoire diplomatique pour la France. Cependant, Napoléon III ne considéra pas la résignation comme une victoire et donna l'ordre au comte Benedetti, l'ambassadeur français de la Prusse de demander, de la part du Roi de Prusse, des excuses et une garantie, qu'il ne sanctionnerait jamais encore la candidature de Léopold. Quand Guillaume 1er refusa, il provoqua des hostilités des deux côtés, avec la France, déclarant la guerre à la Prusse le 19 juin 1870.

2.3. LA GUERRE DE LA PRUSSE CONTRE LA FRANCE DE 1870- LA COMMUNE DE PARIS- LA KULTURKAMPF

La guerre franco-prussienne fut un conflit entre la France et la Prusse qui donna raison à la Confédération d'Allemagne du Nord et aux Etats de l'Allemagne du Sud, à Baden, Württemberg et à la Bavière. La domination militaire de la Prusse et des troupes allemandes devint bientôt évidente et une victoire allemande parut imminente aussitôt à la mi-août, avec une défaite décisive, enregistrée à Sedan, le 2 Septembre 1870.

La victoire à la bataille de Sedan, et la capture de Napoléon III, ne scella pas la fin de la guerre. Le 4 septembre 1870, la 3e République fut déclarée en France, et la résistance française continua sous Adolphe Thiers, le chef du gouvernement provisoire. Il aurait fallu cinq mois aux armées prussiennes et allemandes pour défaire la France, avec la chute de Paris qui survint le 28 Janvier 1871. La résolution de la paix, le Traité de Francfort, fut signé le 10 mai 1871 en pleine guerre civile en France ; le résultat, non seulement de la guerre, mais aussi de l'insurrection de la classe ouvrière qui a conduit à la Commune de Paris (un gouvernement socialiste qui a dirigé Paris pendant les deux mois du printemps 1871). Bebel se référait à la Commune dans son discours à la *Reichstag* de mai 1871 comme « une petite escarmouche aux postes » et il affirmait avec défiance que « *les principaux événements en Europe étaient encore à venir ; avant plusieurs décades, le cri de guerre du prolétariat de Parsi : la guerre dans les palais, la paix dans les pauvres maisons, la mort à la pauvreté et à l'inaction – ce cri de guerre devra être celui du prolétariat tout entier de l'Europe.*[70] »

La Commune de Paris était l'événement le plus significatif du développement du mouvement socialiste en Europe au XIXème siècle. La confrontation la plus grande de Bismarck avec le socialisme n'avait pas encore eut lieu. Car à présent, cependant, il avait accompli son but en unifiant l'Allemagne comme un Etat-Nation. Le nouveau *Reich* était une monarchie constitutionnelle et l'on donna à Guillaume 1er le titre d'empereur.

Nietzsche, d'abord, supporta la guerre comme une compétition entre la culture française et la culture allemande, mais plus tard, il observa, avec dégoût, les brutalités excessives allemandes. Pour lui, la guerre n'était pas réellement de la culture, mais une conquête résolue à

70 CAMERON (Frank) et DOMBOWSKY (Don).- *Political Writing of Friedrich Nietzsche. An Edited Anthology,* Palgrave, Macmillan 2008, p.9

la revanche nationale astreignante[71]. (Helmut Von Moltke avait, en fait, en privé, appelé « à une guerre d'extermination » contre la France[72].) Avis que nous sommes loin de partager. Dans une lettre à Gersdorffite datée du 7 novembre 1870, Nietzsche exprima son inquiétude en disant : « *Je me fais énormément du souci pour le futur culturel immédiat...Confidentiellement, je regarde la Prusse à présent, comme une puissance qui représente un grand danger pour la culture.*[73] » Nietzsche commença son essai sur David Strauss, *Le Confesseur et l'Ecrivain* (1873) par une discussion sur les conséquences de la victoire prussienne de la France en ces termes : « *Mais de tous les résultats mauvais dus à la guerre récente avec la France, le résultat le plus déplorable, peut-être, est que même l'erreur de l'opinion publique universelle et la plus répandue (...) que la culture allemande était aussi victorieuse dans la lutte, et c'est qu'on aurait dû à présent, toutefois, la décorer, avec les guirlandes, comme une reconnaissance convenable de tels succès et événements extraordinaires. Cette désillusion est pernicieuse au plus au degré (...) parce qu'elle menace de transformer notre lutte en un signe de défaite : en une défaite, sinon l'extirpation de l'esprit allemand au bénéfice du 'Reich allemand'.*[74] »

Le point de vue récurrent dans les écrits[75] de Nietzsche était que la victoire militaire allemande résultait d'une défaite culturelle allemande, tandis qu'elle n'était pas

---

[71] CAMERON (Frank) et DOMBOWSKY (Don).- *Political Writing of Friedrich Nietzsche. An Edited Anthology,* Palgrave, Macmillan 2008, p.10

[72] CAMERON (Frank) et DOMBOWSKY (Don).- *Political Writing of Friedrich Nietzsche. An Edited Anthology,* Palgrave, Macmillan 2008, p.10.

[73] CAMERON (Frank) et DOMBOWSKY (Don).- *Political Writing of Friedrich Nietzsche. An Edited Anthology,* Palgrave, Macmillan 2008, p.10.

[74] CAMERON (Frank) et DOMBOWSKY (Don).- *Political Writing of Friedrich Nietzsche. An Edited Anthology,* Palgrave, Macmillan 2008, p.10.

[75] CAMERON (Frank) et DOMBOWSKY (Don).- *Political Writing of Friedrich Nietzsche. An Edited Anthology,* Palgrave, Macmillan 2008, p.10.

populaire de son temps.[76] Ensuite, il fait remarquer que les principes militaires allemands – « *la discipline, la supériorité scientifique parmi les chefs, l'unité, l'obédience dans les premiers rôles* » - sont entièrement sans rapport avec la culture. Pour Nietzsche, posséder la suprématie politique aux dépends d'une supériorité culturelle est un grand désastre, et l'Allemagne a besoin de compenser cette suprématie politique en mettant cette puissance au service de l'utile. L'Etat peut utiliser cette puissance d'une façon bénéfique en changeant son but. « *La tâche de l'Etat n'est pas d'assurer que beaucoup de personnes vivent aussi bien que possible et avec de bonnes mœurs : le nombre est pertinent ; mais plutôt que d'assurer que...elle fournit la base d'une culture (...) En un mot : la forme la plus noble d'humanité est le but de l'Etat, son objectif se situe en dehors d'elle-même, elle est vraiment son sens.*[77] » Ceci indique que Nietzsche n'est pas un anti-étatiste d'une façon constante et il ne sépare pas la culture de la politique, puisqu'il assigne à l'Etat la tâche cruciale de superviser la production de la forme la plus noble de la culture allemande.

La Commune de Paris constitua une menace de plus pour la tâche de la régénération culturelle de Nietzsche. Pour lui, cette insurrection prolétarienne catastrophique avait révélé le « *barbarisme culturel des classes inférieures*[78] » et cela l'anéantit. Dans une lettre désespérée, il écrivait à Gersdorffite : « *Quand j'entendis les coups de feu à Paris, je fus réduit à rien pendant plusieurs jours, et je fus écrasé de peurs et de doutes ; mon existence toute entière, estudiantine, scientifique,*

---

[76] CAMERON (Frank) et DOMBOWSKY (Don).- *Political Writing of Friedrich Nietzsche. An Edited Anthology,* Palgrave, Macmillan 2008, p.10

[77] CAMERON (Frank) et DOMBOWSKY (Don). - *Political Writing of Friedrich Nietzsche. An Edited Anthology,* Palgrave, Macmillan 2008, p.10

[78] CAMERON (Frank) et DOMBOWSKY (Don).- *Political Writing of Friedrich Nietzsche. An Edited Anthology,* Palgrave, Macmillan 2008, p.11

philosophique et artistique sembla une absurdité, si un jour singulier put effacer des jours les plus glorieux d'art, même des périodes entières d'art ; je m'attachai avec une conviction sérieuse à la valeur métaphysique de l'art, qui ne put exister pour le salut des pauvres êtres humains, mais qui eut des missions les plus grandes à accomplir.[79] »

Soudain cet événement devint plus important que la guerre entre les nations. Dans la même lettre il reconnaît que « *en sus de cette bataille entre les nations, l'objet de notre terreur était que l'hydre international, brusquement, apparut si terrifiant comme un signe des luttes à venir presque différentes.*[80] » Puisque Bebel indiqua dans son discours, plusieurs fois cité, que le prolétariat voulut contenir son cri de guerre dans la contraction « la mort à la paresse », Nietzsche écrivit dans *L'Etat Grec* que la paresse était nécessaire au développement de la culture[81]. Il était évident qu'il faisait référence à la Commune quand il écrivit dans *La Naissance de la Tragédie*, « *Rien n'est plus terrible qu'une barbare classe d'esclaves, qui a appris à regarder son existence comme une injustice et se prépare à en tirer vengeance non seulement pour soi-même, mais encore pour toutes les générations à venir*[82] », utilisant le mot « esclaves » comme un code classificatoire et idéologique, et convoyant « *l'avertissement voilé des périls de la révolution prolétarienne.*[83] »

---

[79] CAMERON (Frank) et DOMBOWSKY (Don).- *Political Writing of Friedrich Nietzsche. An Edited Anthology,* Palgrave, Macmillan 2008, p.11

[80] CAMERON (Frank) et DOMBOWSKY (Don). - *Political Writing of Friedrich Nietzsche. An Edited Anthology,* Palgrave, Macmillan 2008, p.11

[81] CAMERON (Frank) et DOMBOWSKY (Don).- *Political Writing of Friedrich Nietzsche. An Edited Anthology,* Palgrave, Macmillan 2008, p.11

[82] NIETZSCHE (Friedrich).- *Œuvres Complètes. La Naissance de la tragédie* 18, Paris, Robert Laffont 1993, p. 102

[83] CAMERON (Frank) et DOMBOWSKY (Don).- *Political Writing of Friedrich Nietzsche. An Edited Anthology,* Palgrave, Macmillan 2008, p.11

Le premier *Reichstag* du nouvel Empire était représenté par deux partis libéraux (Les Libéraux Nationaux qui ont collaboré avec Bismarck et les Libéraux anti-bismarckiens, les Progressistes), les deux partis conservateurs, le Centre Catholique et les socialistes. Le nouveau parti du Centre Catholique recevait approximativement 1/5 (un cinquième) du vote, assez pour mettre Bismarck en alerte et les Libéraux, d'une potentielle menace. Les Catholiques étaient présents, à une large majorité, dans la partie protestante de l'Etat allemand, et le parti du centre était formé pour protéger leurs intérêts. Le problème était le suivant : les intérêts catholiques étaient une préoccupation pour l'Etat qui luttait contre l'Eglise, pour son indépendance dans les institutions et son rôle dans l'éducation. Le *Reich* dénonçait la condamnation par le Concile Vatican I du monde moderne, dans son *Syllabus des Erreurs*, et par la proclamation de l'infaillibilité du Pape en 1870. Ces thèmes étaient une étape dans la confrontation entre le gouvernement et l'Eglise. La tension monta quand le Parti du Centre Catholique demanda que l'Empereur assistât à la Restauration des Etats Pontificaux, et que ces lois spéciales fussent notées dans la Constitution, pour protéger des droits catholiques. Bismarck créa un conflit quand il eut aboli la division catholique dans le Ministère de la Culture prussienne en juin 1871. Il s'en est suivi une série de lois anti-catholiques, à commencer par le passage du « paragraphe sur la chaire » à la fin de 1871 qui interdisait aux prêtres d'utiliser la chaire à des fins politiques.

Les libéraux nationaux joignirent leurs forces à Bismarck dans ce « combat culturel »(*Kulturkampf*) contre l'Eglise (1871,1878, 1887), comme cela a été consigné par Rudolf Virchow, l'un des fondateurs du Parti Progressiste. L'*Acte de Supervision de l'Ecole* de Mars 1872 dénia aux prêtres catholiques le droit de superviser l'enseignement religieux et l'éducation fut mise sous le contrôle de l'Etat. En juillet 1872, l'Acte Jésuite interdisait une quelconque activité jésuite en Allemagne.

Cette législation fut suivie par les lois prussiennes de 1873 qui introduisaient la supervision par l'Etat de la formation des prêtres, qui furent obligés de passer «un « examen culturel » pour déterminer leur aptitude à l'office. Plusieurs pénalités, telles que de lourdes amendes, l'emprisonnement, la fermeture des séminaires et le veto aux rendez-vous ecclésiastiques furent imposés aux contrevenants. Ces mesures répressives ont été intensifiées, après la tentative manquée d'assassinat de Bismarck en Juillet 1874, par un tonnelier catholique, nommé Heinz Kuhlmann. Bien que Bismarck ait subi seulement une légère blessure à la main droite, il passa son temps à blâmer le Parti du Centre Catholique qui aurait influencé l'assassin.

Les deux partis libéraux ont supporté d'une façon mixte les mesures anticatholiques, même si elles violaient la liberté d'expression et d'autres principes libéraux[84]. Comme la *Kulturkampf* persistait, les Libéraux Nationaux devinrent inquiets d'une façon croissante, en transformant le *Reich* d'un Etat constitutionnel, basé sur des principes rationnels à un Etat culturel (*Kulturstadt*) enraciné en des principes nationaux historiques[85].

Ensuite les chefs libéraux n'avaient pas perçu que la législation anticatholique devait être une violation aux libertés de base puisque la pleine liberté qu'ils soutenaient, était seulement possible lorsque l'Etat national historique exerçait sa souveraineté sur l'Eglise et était établi comme

---

[84] CAMERON (Frank) et DOMBOWSKY (Don).- *Political Writing of Friedrich Nietzsche. An Edited Anthology,* Palgrave, Macmillan 2008, p.12.

[85] CAMERON (Frank) et DOMBOWSKY (Don).- *Political Writing of Friedrich Nietzsche. An Edited Anthology,* Palgrave, Macmillan 2008, p.12.

la *Kulturstadt*. Le nouveau *Reich* allemand se considérait lui-même comme la *Kulturstadt*, ce qui signifiait qu'il assumait le rôle de gardien et de promoteur de la « culture », de l'éducation et des mœurs[86].

Au début de 1870 Nietzsche fut commis à la revitalisation de la culture allemande, mais il rejeta la *Kulturkampf* comme un moyen pour produire une culture plus noble. En opposition au philistinisme de la culture qu'il identifie à la *Kulturkampf*, Nietzsche ne soutient que l'Etat : « *doit employer son pouvoir pour accomplir ses buts culturels élevés. La sécularisation doit être combattue. La lutte contre l'Eglise Catholique est un acte des Lumières et n'a rien d'élevé, et à la fin elle prend de fortes proportions ; ce qui n'est pas entièrement désirable. Naturellement, en général, ceci est correct. Si et seulement l'Etat et l'Eglise pouvaient s'entredéchirer l'un, l'autre*[87] *!* »

Bien que Nietzsche supportât la *Kulturkampf* (la campagne contre l'Eglise Catholique) comme essentiellement 'correcte', il refusa de prendre parti contre l'Etat (*Kulturstadt*), peut-être en tombant dans l'opposition dans l'usurpation de l'Etat en matière d'éducation, spécialement sa démocratisation (ou l'universalisation) de l'éducation. La *Kulturkampf* est soupçonnée de générer la conséquence indésirable de consolider l'Eglise[88] et d'être perspicace et prophète[89].

Comme Bismarck a été forcé d'affronter un Parti du Centre Catholique fort, il a dû abandonner son alliance

---

86 CAMERON (Frank) et DOMBOWSKY (Don). - *Political Writing of Friedrich Nietzsche. An Edited Anthology,* Palgrave, Macmillan 2008, p.12.

87 CAMERON (Frank) et DOMBOWSKY (Don). - *Political Writing of Friedrich Nietzsche. An Edited Anthology,* Palgrave, Macmillan 2008, p.12.

88 CAMERON (Frank) et DOMBOWSKY (Don). - *Political Writing of Friedrich Nietzsche. An Edited Anthology,* Palgrave, Macmillan 2008, p.13.

89 CAMERON (Frank) et DOMBOWSKY (Don).- *Political Writing of Friedrich Nietzsche. An Edited Anthology,* Palgrave, Macmillan 2008, p.13.

avec les Libéraux Nationaux, dans leur engagement au parti libéral du libre échange. En 1878, il réalisa que la *Kulturkampf* avait atteint encore ses objectifs et commença à abroger ses lois après des négociations avec le Pape Léon XIII (certaines lois n'ont été abrogées seulement en 1887). Cependant sur le plan pratique il avait besoin à présent du Parti du Centre Catholique pour l'aider dans sa lutte implacable contre la montée du Parti Démocrate libéral.

L'espace libéral' aurait commencé à se défaire vers la fin de 1870 et Bismarck était convaincu de la nécessité d'orienter l'Allemagne dans la direction d'une nouvelle politique et d'une économie nouvelle. Cependant quelques parlementaires libéraux se disputaient le pouvoir de l'exécutif. Cela détermina Bismarck à résoudre les malheurs financiers du *Reich* d'une manière qui n'aurait pas consolidé les puissances budgétaires du *Reichstag*. Sa solution fut d'introduire un système de tarifs protecteurs et de monopoles étatiques. En plus des revenus générateurs, ces mesures de Bismarck auraient pu changer, mais il ne vacilla jamais de son but à long terme en créant un parlement d'accessoiristes avec des liens loyaux à l'ordre établi et dépendant de l'Etat. Pour accomplir ces objectifs, il avait besoin de supprimer la possibilité d'un *Reichstag* libéral. Les élections de 1877 n'avaient pas donné la majorité au parti libéral, mais les deux partis libéraux mis ensemble avaient la majorité des sièges.

2.4 1878 ET 1879 : LE CHANGEMENT DE DIRECTION DE BISMARCK- LES LOIS ANTISOCIALES – LA QUESTION SOCIALE (SOZIALPOLITIK)

Les débuts du *Reichstag* de Février et de Mars 1878 ont renforcé l'engagement de Bismarck en un changement dans la politique allemande, depuis qu'il n'avait pas eu la majorité pour engager sa politique économique. En Mars 1878, il poursuivit son programme antilibéral et quand il expédia à la *Bundesrat* son plan pour la réforme fiscale et un monopole du tabac. Le changement de direction de Bismarck eut de sérieuses implications politiques : « *Cela signifiait son opposition pour une évolution plus avant dans la direction vers la démocratie sociale. Il réalisa que ce mouvement générait des revenus sans l'obstruction parlementaire et les tensions sociaux économiques, bien enracinées qui divisent, dans le mouvement libéral*[90]. »Ainsi Bismarck réalisa que les Libéraux ont été divisés au-delà des dangers de la révolution, et à la faveur d'un assassinat tenté contre Guillaume 1er le 11 mai, il saisit l'opportunité pour introduire une loi contre les sociaux-démocrates. Le projet de loi fut rejeté, mais seulement huit jours plus tard, une seconde tentative d'assassinat plus sérieuse de l'Empereur survint. Bismarck a blâmé le parti Social démocrate bien qu'il le connût mieux, et immédiatement il a dissous le *Reichstag. « A présent, le les ai eus,* »on a rapporté qu'il l'avait déclaré. « *Les Sociaux Démocrates* ? » s'était-i posé la question. « *Non, les Libéraux Nationaux* [91]! »

A l'été 1878, Bismarck s'impliqua dans la campagne électorale. Il exploita l'outrage public sur les blessures de l'Empereur, utilisa la peur de la révolution et menaça qu'un coup d'Etat devrait échouer tout autrement. Il se donna beaucoup de peine pour assurer une majorité parlementaire pour ses mesures. Les résultats de 1878 des élections du *Reichstag* confirmèrent le déclin des Libéraux et le but de Bismarck de procurer un réalignement

---

[90] CAMERON (Frank) et DOMBOWSKY (Don).- *Political Writing of Friedrich Nietzsche. An Edited Anthology,* Palgrave, Macmillan 2008, p.14

[91] CAMERON (Frank) et DOMBOWSKY (Don).- *Political Writing of Friedrich Nietzsche. An Edited Anthology,* Palgrave, Macmillan 2008, p.14

politique et conservateur. Mais cela conduisit à un prompt passage de lois antisociales le 19 Octobre 1878 auxquelles la gauche du National Libéral ne pouvait plus s'opposer à cause des pressions venant de l'aile droite du parti. Bismarck avait toujours détesté le socialisme, mais les lois antisociales furent, d'une façon argumentative, la meilleure répression de sa chancellerie. Elles bannirent toutes les associations sociales démocrates, les réunions, les journaux et presque toutes les unions, « *mais permirent des activités de campagne, avant les élections et l'envoi des délégations SPD au Reichstag.*[92] » Des agitateurs socialistes furent arrêtés ou interpellés, et les clubs socialistes furent forcés de se débander. Des socialistes auraient contourné ces lois en tenant des réunions sécrètes, sortant de nouvelles publications, et créant de nouvelles organisations. Bismarck, comme l'écrit Weller, « *essaya de rendre crédible son discours en affirmant que la lutte contre les Sociaux Démocrates était un cas pour sauver la société des meurtriers et des incendiaires qui avaient sévi pendant la Commune de Paris.*[93] » Cela signifiait qu'une « *guerre pour annihiler (le parti des travailleurs socialistes était nécessaire.*[94] »

La controverse socialiste fut simplement un prélude au gouvernement pour créer un nouvel alignement politique. La politique économique protectionniste du gouvernement fut annoncée pour Décembre 1878, et malgré l'opposition des supporteurs libéraux du libre échange, la loi tarifaire fut promulguée à la majorité des conservateurs et des centristes le 15 Juillet 1879. Le parti du Centre Catholique, un parti d'opposition à la démocratie libérale,

---

[92] CAMERON (Frank) et DOMBOWSKY (Don).- *Political Writing of Friedrich Nietzsche. An Edited Anthology,* Palgrave, Macmillan 2008, p.14

[93] CAMERON (Frank) et DOMBOWSKY (Don).- *Political Writing of Friedrich Nietzsche. An Edited Anthology,* Palgrave, Macmillan 2008, p.14

[94] CAMERON (Frank) et DOMBOWSKY (Don).- *Political Writing of Friedrich Nietzsche. An Edited Anthology,* Palgrave, Macmillan 2008, p.14

au libéralisme, au libre échange et au laissez-faire, fut considéré comme un allié à la promotion des fins politiques de Bismarck.

Après 1878, les Conservateurs devinrent la force politique dominante dans le *Reich*. Les changements envers le conservatisme qui ont suivi les lois antisociales (1878) et les lois tarifaires (1879) n'avaient pas donné à Bismarck une majorité sérieuse au *Reichstag*. Le parti du Centre supporta la politique tarifaire du gouvernement, mais d'autres problèmes politiques auraient affronté les bons résultats obtenus par les Socialistes en 1881, aux élections du *Reichstag*. La réforme socialiste fut une grande menace que ces mesures antisociales répressives n'arrivaient pas à freiner. La chancellerie eut besoin d'une stratégie nouvelle pour combattre le mouvement socialiste qui aurait dans le même temps reconnu les revendications des travailleurs au sujet d'une structure économique existante. Bismarck s'embarqua sur un programme de « *christianisme pratique* [95]» ou « le socialisme d'Etat » qui fut annoncé le 17 Novembre 1881, par le message impérial de Guillaume 1er au *Reichstag*. Le message reconnaît l'obligation de l'Etat existant d'entreprendre des mesures pour l'amélioration des vies des classes laborieuses[96], et des lois concernant l'assurance santé et l'assurance accident, furent subséquemment mises en application en 1883 et 1884. Elles furent un prélude au présent système de sécurité sociale.

La problématique de l'amélioration des vies des classes laborieuses fut une réponse du mouvement des travailleurs allemands qui s'est largement allié au Socialisme international, à la Commune de Paris et la peur de la

---

[95] CAMERON (Frank) et DOMBOWSKY (Don).- *Political Writing of Friedrich Nietzsche. An Edited Anthology,* Palgrave, Macmillan 2008, p.14
[96] CAMERON (Frank) et DOMBOWSKY (Don).- *Political Writing of Friedrich Nietzsche. An Edited Anthology,* Palgrave, Macmillan 2008, p.14

Révolution qui balaya l'Allemagne par la suite. La Commune de Paris demanda que la question sociale soit résolue, et cette question fut l'objet de débats, tout au long de l'année 1870 et au début de l'année 1880. La question sociale [« signifiait, selon Cameron et Dobrovsky, la réponse à la question des travailleurs », et impliquait la législation appartenant à la protection des salariés et la « montée » des classes laborieuses dans l'ordre politique et social du *Kaiserreich* »][97]qui transitait en égalité croissante.

Les points de vue de Nietzsche sur la question sociale furent exprimés très tôt, en 1862, quand il commença à lire le livre de Theodore Mundt, intitulé *Geschichte der Gesellschaft*, paru en 1844, lequel examinait la pensée socialiste et ses répercussions. Nietzsche écrivit un précis détaillé, et traça les grandes lignes de la position de Mundt sur la question sociale. Ce résumé révélait que Nietzsche n'avait aucune sympathie pour les socialistes, et selon le néoconservateur Mundt, il dénonçait l'attaque communiste de la propriété privée comme ce qui sapait « l'essence essentielle de la personnalité humaine[98]. » Au début de l'année 1870, Nietzsche critiquait la démocratisation de l'éducation dans *Le futur de nos institutions éducatives*(1872). Ce fut sa première intervention publique sur la question sociale, et dans une note datée de 1873, il rejeta l'idée des coopératives, un projet de la réforme sociale libérale, qui offrit à la classe laborieuse, l'accès à une organisation qui les assisterait dans le regroupement de leurs ressources, et leur fournirait l'éducation

---

[97] CAMERON (Frank) et DOMBOWSKY (Don).- *Political Writing of Friedrich Nietzsche. An Edited Anthology,* Palgrave, Macmillan 2008, p.15

[98] CAMERON (Frank) et DOMBOWSKY (Don).- *Political Writing of Friedrich Nietzsche. An Edited Anthology,* Palgrave, Macmillan 2008, p.15

nécessaire capable de les faire triompher à la fois, de leurs souffrances économiques et de leur isolement spirituel[99].

Dans le passé Nietzsche avait compté sur Bismarck comme un rempart au socialisme, mais il déchanta quand il vit les concessions que ce dernier fit à la classe ouvrière, dans le Message impérial, spécialement la conviction « que le salut des maux sociaux doit être cherché, non seulement à travers la répression des excès de la démocratie sociale, mais juste comme beaucoup en avançant positivement pour le bien-être des travailleurs[100]. »

Aussi Nietzsche trouva offensante la remarque de l'Empereur qui disait « Nous sommes des travailleurs », puisqu'elle ne réussissait pas à respecter la hiérarchie sociale (de l'ordre du rang) et qui assignait aux travailleurs une dignité à laquelle ils n'avaient pas droit[101]. Pour Nietzsche qui avait exprimé seulement son aversion pour le socialisme et le mouvement des travailleurs, la législation de Bismarck sur la sécurité sociale qui en résultait, n'était pas plus que mal placée, ou n'était pas nécessairement du sentimentalisme. Il rendit l'éducation, libre et obligatoire, et la législation de la sécurité sociale échoua dans sa tentative d'arrêter l'expansion de la classe ouvrière dans la SPD. Bismarck était convaincu que si les travailleurs étaient protégés par le gouvernement, ils ne pourraient pas penser à la révolution. Son « christianisme pratique » était en accord avec l'agenda conservateur qui soutenait la vision chrétienne du monde et son opposition aux forces non chrétiennes du socialisme et du « libéralisme de Manchester ». Cependant la stratégie de

---

[99] CAMERON (Frank) et DOMBOWSKY (Don).- *Political Writing of Friedrich Nietzsche. An Edited Anthology,* Palgrave, Macmillan 2008, p.15

[100] CAMERON (Frank) et DOMBOWSKY (Don).- *Political Writing of Friedrich Nietzsche. An Edited Anthology,* Palgrave, Macmillan 2008, p.15

[101] CAMERON (Frank) et DOMBOWSKY (Don).- *Political Writing of Friedrich Nietzsche. An Edited Anthology,* Palgrave, Macmillan 2008, p.15

Bismarck eut des ratés et, en 1884, les Sociaux Démocrates devinrent une force au *Reichstag*.

Au cours de l'été 1884, les six mois précédant les élections du prochain *Reichstag*, les Sécessionnistes et les membres du Parti Progressiste fusionnèrent pour former un Part Libéral radical, le Parti Allemand de la Libre Pensée, connu sous la forme populaire de « CPP », le Parti du Prince Couronné. Bismarck était devenu furieux à cause de l'émergence de ce parti, car il anticipait que le CPP allait bientôt succéder au parti de son père atteint par l'âge et que ce dernier aurait nommé des membres de son cabinet, issus du nouveau parti, lequel aurait supplanté l'ancien parti. La Princesse couronnée Victoria était de nationalité anglaise, et Bismarck avait peur que l'Allemagne développe des relations étroites avec l'Angleterre, une fois que le CPP aurait accéder au trône. La grève préventive de Bismarck contre le « Ministre allemand des transports » à laquelle il fut soumis, vint dans la suite d'un nouveau projet politique(le colonialisme) qui aurait irrité le Parti de la Libre Pensée Allemande, qui était anticolonialiste, mais aurait été prisé par les classes moyennes supérieures, à qui on aurait fourni le code guerrier impérialiste. Une politique coloniale aurait potentiellement conduit à mettre de la distance entre le Parti de la Pensée Libre Allemande et le parti pro-colonialiste du Prince Couronné.

2.5. LA COLONISATION DE 1880

La décision de Bismarck de poursuivre une politique coloniale active au milieu de 1880 fut comme une surprise, parce qu'il avait été toujours prudent en ce qui concerne une quelconque participation à la lutte des puissances coloniales pour se partager l'Afrique, par peur de perturber l'équilibre du pouvoir en Europe. Bien que l'expérience coloniale de l'Allemagne fût de courte durée, le soutien à l'expansion impériale avait été exprimé bien des années avant que la politique coloniale ne prenne effet (la *Kolonialgesellshaft* ou *Koloniaverein* fut établie en Allemagne en 1882)[102]. Les magnats du commerce et de l'industrie considéraient que l'acquisition des colonies était une chose indispensable, pour l'établissement de marchés stables, et pour l'acquisition des matières premières[103]. En outre Bismarck pouvait capitaliser le mouvement colonial comme monnaie d'échange pour les prochaines élections, puisque des membres des organisations pro-impérialistes, étaient des Libéraux Nationaux et des Conservateurs libres très nombreux.

Bismarck fut l'hôte de la Conférence Internationale tenue à Berlin, du 15 Novembre 1884 au 26 Février 1885. A cette conférence, tous les pays d'Europe (à l'exception de la Suisse) furent représentés, et ils se rassemblèrent pour décider de la politique de partition de l'Afrique. La Conférence mit de l'ordre dans les nombreuses disputes coloniales, spécialement, au Congo (qui toma aux mains des Belges) et établis des clauses anti-esclavagistes. Entre 1884 et 1885, l'Allemagne acquit le Togo, le Cameroun, l'Est de l'Afrique Allemande (à présent appelé la Tanzanie) et le Sud Ouest Africain (à présent appelé, la Namibie). En 1889, Bismarck abandonna ses ambitions coloniales pour se focaliser à nouveau sur l'Europe.

En termes de résultats de la Conférence de Berlin, Nietzsche aurait eu à rejeter les clauses anti-esclavagistes, puisqu'il ne supportait pas «l'abolition de l'esclavage[104]. »

---

102 CAMERON (Frank) et DOMBOWSKY (Don).- *Political Writing of Friedrich Nietzsche. An Edited Anthology,* Palgrave, Macmillan 2008, p.15

103 CAMERON (Frank) et DOMBOWSKY (Don).- *Political Writing of Friedrich Nietzsche. An Edited Anthology,* Palgrave, Macmillan 2008, p.15

104 CAMERON (Frank) et DOMBOWSKY (Don).- *Political Writing of Friedrich Nietzsche. An Edited Anthology,* Palgrave, Macmillan 2008, p.17

Et dans ses derniers écrits, comme une partie de sa critique de l'esprit allemand, Nietzsche commente la colonisation de l'Afrique en ces termes : « Voyez, par exemple, l'empereur d'Allemagne. Il dit qu'il croit que c'est son 'devoir chrétien' de délivrer les esclaves de l'Afrique. Parmi nous *autres* Européens on appellerait cela simplement « allemand »...[105]

Nietzsche rejetait l'impérialisme allemand et le concept d'Etat-Nation et donnait des préférences à une Europe unifiée. Il partageait l'intérêt de Bismarck pour les Britanniques et leur système parlementaire. Dans une conversation avec le Général Von Schweinitz, le fils aîné de Bismarck, Herbert fit, aux dires de Cameron et Dombosky, un compte-rendu différent à l'opinion qui disait que Bismarck aurait approuvé le colonialisme : « Quand nous entamions la politique coloniale, nous devions compter avec un long règne du Parti du Prince Couronné. Durant ce règne, *l'influence anglaise ne devait pas être dominante*. Pour la prévenir, nous devions nous embarquer dans une politique coloniale, parce qu'elle était populaire et convenablement adaptée pour *nous mettre en conflit avec l'Angleterre à tout moment.*[106] »

Bismarck voulait s'assurer que les relations entre les Britanniques et les Allemands resteraient dans l'adversité, en anticipant l'ascension au trône du parti 'libéral' du Prince Couronné. Bien que la vision politique de Nietzsche ne soit pas imposée comme un modèle après le *Reich* de Bismarck, tous les deux, Nietzsche et Bismarck regardaient l'Angleterre, comme un obstacle formidable, pour l'accomplissement de leurs buts politiques respectifs

[105] NIETZSCHE (Friedrich).- *Œuvres.* Tome 2. *Ecce Homo.* Pourquoi j'écris de si bons livres. Le cas Wagner 3.(Paris, Robert Laffont, 1993),p. 1188 .

[106] CAMERON (Frank) et DOMBOWSKY (Don).- *Political Writing of Friedrich Nietzsche. An Edited Anthology,* Palgrave, Macmillan 2008, p.17

et reconnaissaient la nécessité de l'affrontement avec elle[107].

Peter Bergmann, comme le rapportent Cameron et Dombowsky, fait la remarque suivante qu'il n'y a aucune coïncidence que Nietzsche adoptât le concept de 'grande politique', précisément à un moment où l'Allemagne était soudainement en train de créer son propre empire colonial…Au milieu des années 80, Nietzsche aimait ces contemporains européens, tournés vers l'extérieur, de ce qu'il voyait comme une lutte à venir pour la « maîtrise de la terre[108]. » L'idée de « *grande politique* » de Nietzsche ne fait pas référence aux ambitions impérialistes du *Reich* allemand, mais à un impérialisme supranationaliste. Il avait dans *Aurore*[109] donné sa caution pour un colonialisme qui aurait réduit les tensions sociales et les problèmes d'ordre intérieur[110], c'est-à-dire la question du travail, et dans *le voyageur et son ombre,* il avait imaginé un centre du pouvoir global. Ici Nietzsche parle de « bons Européens » dont « la tâche grandiose »serait « la direction et la surveillance de la civilisation universelle[111]. » Grossièrement, à la même période du colonialisme allemand, dans *Par delà le bien et le mal* (1886), Nietzsche observe que « le temps pour les petites politiques est passé ; le siècle suivant apportera la guerre

---

107 CAMERON (Frank) et DOMBOWSKY (Don).- *Political Writing of Friedrich Nietzsche. An Edited Anthology,* Palgrave, Macmillan 2008, p.17

108 CAMERON (Frank) et DOMBOWSKY (Don).- *Political Writing of Friedrich Nietzsche. An Edited Anthology,* Palgrave, Macmillan 2008, p.17

109 CAMERON (Frank) et DOMBOWSKY (Don).- *Political Writing of Friedrich Nietzsche. An Edited Anthology,* Palgrave, Macmillan 2008, p.17

110 CAMERON (Frank) et DOMBOWSKY (Don).- *Political Writing of Friedrich Nietzsche. An Edited Anthology,* Palgrave, Macmillan 2008, p.17

111 CAMERON (Frank) et DOMBOWSKY (Don).- *Political Writing of Friedrich Nietzsche. An Edited Anthology,* Palgrave, Macmillan 2008, p.17

pour dominer le monde – la contrainte à la grande politique[112]. »

En 1886, Nietzsche connut personnellement le colonialisme, par l'entremise de sa sœur et de son beau-frère, Elisabeth et Bernhard Forster, fondateurs de la colonie paraguayenne de la nouvelle Allemagne. Nietzsche n'était ni un nationaliste allemand (en ce moment-là), ni un défenseur des aspirations coloniales de Forster : « Au sujet de l'avenir de ma sœur, j'ai mes propres vues – pour dire que je ne pense pas que ce serait une bonne chose pour le Dr Forster de retourner au Paraguay. L'Europe n'est pas si petite ; et si l'on ne veut pas vivre en Allemagne, et en cela je l'aime), l'on ne doit pas avoir besoin d'aller aussi loin. Mais naturellement, je n'ai pas son enthousiasme pour « les choses allemandes », et encore moins pour conserver cette 'glorieuse' race *pure*[113].

2.6. L'ANTISEMITISME : L'ETAT CHRETIEN

Nietzsche ne fut pas tolérant envers l'antisémitisme de Forster et la 'névrose nationale'. Le mouvement antisémite allemand moderne avait réalisé un réveil vers la fin de l'année 1870 jusqu'au milieu de 1880. Le programme de 1876 du parti conservateur allemand, alors qu'il ne concernait pas ouvertement la « question juive », élargissait le principe du christianisme historique sans exclusive, et promouvait en même temps, le nationalisme allemand, la monarchie prussienne et le protestantisme luthérien, et déclarait son opposition au principe démocratique et libérale de l'égalité civile (suffrage

---

[112] CAMERON (Frank) et DOMBOWSKY (Don).- *Political Writing of Friedrich Nietzsche. An Edited Anthology,* Palgrave, Macmillan 2008, p.17

[113] CAMERON (Frank) et DOMBOWSKY (Don).- *Political Writing of Friedrich Nietzsche. An Edited Anthology,* Palgrave, Macmillan 2008, p.17

universel masculin). Le judaïsme moderne fut associé aux principes du libéralisme classique, « l'économie de Manchester » et les Juifs furent accusés de dominer la presse, l'éducation, le Parlement, la morale, la vie civile, la musique, la littérature allemande, etc. La description de 1879 de Berlin comme un *Reich* juif faite par Konstantin Franz s'est emparée de ce stéréotype juif : « Parce qu'on rencontre ici, dans tous les espaces de la vie publique des Juifs arrogants…le marché de puces et le centre commercial de ventes, et le marché boursier juif, la civilisation et l'humanité juive et – ce qui est unique à Berlin – le gouvernement civil juif. Presque la moitié des administrateurs de la cité…sont des Juifs…et, main dans la main avec leur presse gardée et leur marché boursier, ils contrôlent actuellement le gouvernement civil tout entier[114]. »

Ce fut une religion, en particulier un idéal, l'idéal de « l'Etat chrétien » qui unissait les conservateurs et les antisémites, et les mettait à coopérer dans leur campagne contre l'industrialisation, la sécularisation, la démocratisation et le caractère usurier des Juifs. L' « Etat chrétien » devint un slogan antilibéral que les conservateurs utilisaient pour montrer que la source de la souveraineté de l'Etat n'était pas la souveraineté du peuple ou un contrat social, mais enracinée dans le principe de la *civitas dei* (cité de Dieu) comme incarnée dans la personne du monarque[115]. Cependant Nietzsche exprime son mépris pour 'l'Etat chrétien' dans la mesure où « l'Eglise est encore autorisée à mettre en avant toutes les expériences importantes et les points principaux de la vie

[114] CAMERON (Frank) et DOMBOWSKY (Don).- *Political Writing of Friedrich Nietzsche. An Edited Anthology,* Palgrave, Macmillan 2008, p.18
[115] CAMERON (Frank) et DOMBOWSKY (Don).- *Political Writing of Friedrich Nietzsche. An Edited Anthology,* Palgrave, Macmillan 2008, p.18

individuelle[116]. » Il est aussi critique envers Adolphe Stöcker, l'un des adeptes et l'un des meneurs de l'« Etat chrétien », à qui il se réfère et qu'il nomme le « prêcheur de cour, la canaille[117]. »

En 1878, Stöcker fonda le Parti des travailleurs sociaux chrétiens dont l'objectif était de détourner les classes laborieuses du socialisme. Après de fâcheux résultats des élections de 1878, Stöcker se tourna vers l'antisémitisme pour augmenter la popularité du parti, et enleva le mot de « travailleurs », du nom du parti, pour l'appeler finalement, « sociaux chrétiens ». Les arguments de Stöcker contre les Juifs étaient essentiellement religieux, sociaux et éthiques. Les Juifs modernes étaient vus comme les destructeurs de l'autorité ecclésiale et de l'ordre social traditionnel. Pour Stöcker, la seule solution chrétienne légitime pour la « question juive » était la conversion, puisque la Rédemption chrétienne requerrait la disparition éventuelle du judaïsme. Les juifs doivent décider à renoncer à leur foi, à renoncer à leur identité séparée et à assimiler la société dominante comme des patriotes chrétiens allemands – seulement ensuite, ils seraient acceptés sans aucun préjugé[118]. Dans son discours du 19 Septembre 1879, Stöcker, non seulement élargit le lien entre la 'question juive' et la 'question sociale', mais aussi se dissociait de tous les points anti-juifs, exprimés dans des termes purement raciaux, qui niaient la vision du monde chrétienne. Il avertissait ses auditeurs qu' « haine contre les Juifs qui est contraire aux Evangiles, est en train

---

[116] CAMERON (Frank) et DOMBOWSKY (Don).- *Political Writing of Friedrich Nietzsche. An Edited Anthology,* Palgrave, Macmillan 2008, p.18

[117] CAMERON (Frank) et DOMBOWSKY (Don).- *Political Writing of Friedrich Nietzsche. An Edited Anthology,* Palgrave, Macmillan 2008, p.18

[118] CAMERON (Frank) et DOMBOWSKY (Don).- *Political Writing of Friedrich Nietzsche. An Edited Anthology,* Palgrave, Macmillan 2008, p.19

de se déclencher ici et là[119]. » En suivant Uriel Tal, Cameron et Dombowsky, peuvent distinguer deux vagues d'antisémitisme moderne, le 'christianisme antisémite' et l'« antichristianisme antisémite »[120]. Comme un ancêtre de l'héritage chrétien allemand du second *Reich*, Stöcker représente « le christianisme chrétien antisémite ». Ce type d'antisémitisme est une réflexion de la tradition antijuive du christianisme. Il ya aussi un antisémitisme moderne qui entraîne une répudiation, à la fois du christianisme et du judaïsme, et qui est appelé « antichristianisme antisémite » et « se réfère à ces mouvements, à ces organisations et à ces écoles de pensée dont les antagonismes entre les Juifs et le judaïsme vont de paire avec leur antagonisme de la religion monothéiste en général et du christianisme en particulier. » L'antisémitisme racial d'Eugen Dühring, de la fin de 1870, faisait valoir que cette haine des Juifs, aurait pu être comprise comme une haine de la religion en général, tout en gardant les doctrines de l'antichristianisme antisémite, mais Dühring recommandait une politique d'alliance planifiée, comme une solution à l'influence dégénérée, à la fois du christianisme et du judaïsme. Parmi les autres partisans majeurs de l'anti-christianisme racial antisémite, Cameron et Dobrovsky citent Guillaume Marr (qui a créé le terme d'« antisémitisme » en 1870), Theodore Fritsch et Frédéric Lange, tous, militant pour la supériorité du « germanisme pré-chrétien. »

L'antisémitisme racial n'a pas émergé comme une force politique jusqu'à la fin de 1880, mais son développement serait dû beaucoup plus à la fondation d'un nouveau centre antisémite à Leipzig en 1884, et à la création de l'*Antisemitische Correspondenz* en 1885. L'un

---

119 CAMERON (Frank) et DOMBOWSKY (Don).- *Political Writing of Friedrich Nietzsche. An Edited Anthology,* Palgrave, Macmillan 2008, p.19

120 CAMERON (Frank) et DOMBOWSKY (Don).- *Political Writing of Friedrich Nietzsche. An Edited Anthology,* Palgrave, Macmillan 2008, p.19

des noms que Cameron et Dombosky citaient régulièrement, dans cette nouvelle publication était « Nietzsche ». Après avoir noté ce « fait comique » de cette influence souterraine sur tous les partis radicaux (socialistes, nihilistes, antisémites, orthodoxes, chrétiens et wagnériens), Nietzsche commente spécifiquement son influence sur les cercles antisémites. Il écrit : « dans l'*Antisemitische Correspondenz* (qui est envoyé seulement de façon privée, à travers la poste, seulement aux membres du parti sur qui on peut compter, mon nom apparaît dans presque toute la question. Les antisémites sont épinglés avec Zarathoustra, l'homme divin ; il y a une interprétation antisémite qui me fit bien rire[121]. » Quelques mois plus tard, il plaisantait moins quand il écrivait : « Je n'aime pas aussi ces derniers spéculateurs en idéalisme, les antisémites, qui aujourd'hui roulent leurs yeux d'une manière bourgeoise. » De ce qui vient d'être dit, Nietzsche aurait été considéré comme un opposant au christianisme antisémite, mais il était aussi critique envers l'anti-christianisme antisémite de Dühring, et il regardait les deux types de christianisme comme des produits du ressentiment[122]. Comme la critique de l'antisémitisme de Nietzsche précédait l'influence de l'antisémitisme racial, comme une force politique dominante vers la fin de 1880, il ne devait pas faire de distinction entre le christianisme antisémite et l'antisémitisme racial.

Mais Nietzsche ne pense pas en termes de catégorie de race. Dans *Humain trop humain* (1878), il reconnaît qu'à travers les Etats, les Juifs nationaux ont été utilisés comme « des boucs émissaires pour tout public possible et contre mauvaise fortune, en privé, », même si nos vues

[121] CAMERON (Frank) et DOMBOWSKY (Don).- *Political Writing of Friedrich Nietzsche. An Edited Anthology,* Palgrave, Macmillan 2008, p.19

[122] CAMERON (Frank) et DOMBOWSKY (Don).- *Political Writing of Friedrich Nietzsche. An Edited Anthology,* Palgrave, Macmillan 2008, p.20

« produisant la race européenne la plus fortement mélangée, les Juifs deviennent aussi utiles et désirables qu'un ingrédient pour une autre quantité nationale. » Quand il se met à décrire la Bourse des Valeurs juives comme peut-être « l'invention la plus répugnante de la race humaine tout entière », c'est seulement pour montrer que toute nation et toute personne ont des qualités objectives, et c'est injuste de s'attendre à ce que le Juif soit une exception[123].

En 1880, Nietzsche intensifia sa réaction critique de l'antisémitisme qui a infecté l'Allemagne. Dans *Par delà le bien et le mal,* il composa un réquisitoire du mouvement antisémite moderne, dans lequel effectivement, il sapait tous les stéréotypes juifs populaires. Pour commencer, Nietzsche proclamait que l'appel qui disait « ne laisser pas les Juifs entrer ! » était un cri de ralliement d'un peuple dont les instincts étaient faibles et incertains. » Il continua de déclarer que les Juifs étaient « la race la plus forte, la plus coriace et la plus pure à présent qui vivait en Europe », et que quiconque s'intéressait au futur de l'Europe devrait les prendre en compte. Dans une tentative délibérée d'offenser les antisémites, Nietzsche soutenait que les Juifs, « s'ils étaient conduits », pouvaient, à présent, avoir la suprématie sur l'Europe, mais qu'ils « n'ont pas travaillé et n'ont pas été planifiés pour que cette fin soit également certaine (autrement dit, il n'y a pas de conspiration juive). A la place, il soutenait que les Juifs voulaient être « assimilés et absorbés par l'Europe, » et suggérait que même l'officier noble de la *Marche de Brandenbourg* aurait bénéficié de l'alliance avec les Juifs – cela les aurait enrichi à la fois financièrement et

[123] CAMERON (Frank) et DOMBOWSKY (Don).- *Political Writing of Friedrich Nietzsche. An Edited Anthology,* Palgrave, Macmillan 2008, p.20

spirituellement[124]. La *Marche de Brandenbourg* désignait le noyau historique de la Prusse, autour de Berlin entre l'Elbe et l'Oder, qui est devenu une province de la Prusse de 1815 à 1945.

La solution de Nietzsche est l'assimilation, mais au terme, il se sent plus concerné par le « problème européen » que par le problème juif. Le passage se termine sur Nietzsche qui articule ce second problème, au problème fondamental : « Car j'ai déjà atteint ma topique sérieuse, le 'problème européen' tel que je le comprends, la reproduction d'une nouvelle caste dirigeante en Europe[125], » et vers cette fin, Nietzsche reconnaît que les Juifs et le capital de la finance juive a joué un rôle positif dans le fourgon de l'Europe[126]. »

2.7. L'ARISTOCRATE RADICAL

Nietzsche a accepté la description « aristocratique radicaliste » appliquée à sa philosophie par Georges Brandes en 1887[127]. Cette appellation n'impliquait pas qu'il désirait la conservation de l'institution de l'aristocratie (au mieux certains des codes de l'aristocratie et des traits de caractère). Nietzsche était « radical » à cause de son opposition à l'ordre politique existant et « aristocrate » en proclamant que le but de la société aurait dû être la promotion des individus exemplaires. Tandis qu'il partageait certaines positions radicales de Bismarck et des différentes parties politiques, il s'éloignait de la

---

[124] CAMERON (Frank) et DOMBOWSKY (Don).- *Political Writing of Friedrich Nietzsche. An Edited Anthology,* Palgrave, Macmillan 2008, p.20

[125] CAMERON (Frank) et DOMBOWSKY (Don).- *Political Writing of Friedrich Nietzsche. An Edited Anthology,* Palgrave, Macmillan 2008, p.20.

[126] CAMERON (Frank) et DOMBOWSKY (Don).- *Political Writing of Friedrich Nietzsche. An Edited Anthology,* Palgrave, Macmillan 2008, p.20.

[127] CAMERON (Frank) et DOMBOWSKY (Don).- *Political Writing of Friedrich Nietzsche. An Edited Anthology,* Palgrave, Macmillan 2008, p.20.

gauche, à cause de sa position anti-chrétienne et de son opposition antisémite.

Nietzsche avait quelques affinités avec les libéraux de l'aile droite comme Burckhardt, Treitschke et Sybel ; qui étaient inquiets à cause de l'influence croissante des masses. Avec Burckhardt en particulier, Nietzsche pensait qu'une telle influence « était nuisible à l'individualisme authentique et favorisait l'uniformité[128]. » Comme l'écrivait Roth, « le libéralisme était une force majeure de démocratisation par le plaidoyer des droits de l'homme universels, mais il ne favorisait pas une mobilisation politique intégrale pour les classes les plus basses[129]. »

En conséquence Nietzsche était opposé au suffrage universel, une position que tenaient les Libéraux Progressistes (s'appuyant sur la gauche) de son espace, mais une position à laquelle était opposé le Parti Libéral National dont Treitsche était membre ; que « la réforme sociale fût inutile parce qu'elle négligeait la nature hiérarchique de l'ordre social essentiellement… [et]que la réforme sociale ne pouvait (pas) réduire les inégalités fondamentales à travers la société. Comme Treitsche écrivait dans *socialisme et ses patrons* : « domination des classes – ou plus fidèlement, l'ordre des classes – est nécessairement une partie de la société contre le contraste entre dirigeants et dirigés, une partie naturelle de l'Etat. » C'était de l'infortune mais néanmoins une certitude que les masses doivent travailler pour qu'une minorité puisse s'engager dans les activités politiques et créatrices culturellement[130]. »

---

[128] CAMERON (Frank) et DOMBOWSKY (Don).- *Political Writing of Friedrich Nietzsche. An Edited Anthology,* Palgrave, Macmillan 2008, p.20
[129] CAMERON (Frank) et DOMBOWSKY (Don).- *Political Writing of Friedrich Nietzsche. An Edited Anthology,* Palgrave, Macmillan 2008, p.20
[130] CAMERON (Frank) et DOMBOWSKY (Don).- *Political Writing of Friedrich Nietzsche. An Edited Anthology,* Palgrave, Macmillan 2008, p.21

C'est une notion d'aristocratie que Nietzsche, inspiré par Platon, avance dans « l'Etat grec » et bien dans ses écrits après le *Zarathoustra*.

Les principes politiques de Nietzsche ne se confondent pas encore aux principes de base du libéralisme classique : loi naturelle, souveraineté du peuple, égalité des droits, bien-être pour tous et abolition de la souffrance, ordre constitutionnel et parlementaire, et défiance de l'autorité personnelle.

Ensuite si Nietzsche était un libéral, il aurait supporté ces libéraux qui, en Allemagne, voulaient réformer le gouvernement en rendant plus fort un parlement aux dépends des prérogatives royales. Nietzsche était encore un antiparlementariste et se considérait lui-même comme un « antilibéral jusqu'à la méchanceté[131]. » Si nous disons que Nietzsche fut un libéral engagé dans une critique immanente du libéralisme, cela signifie ensuite que son antiparlementarisme était cependant « libéral » et que sa « méchanceté » était une expression d'une forme de libéralisme. Si nous lisons Nietzsche même un peu plus et si nous notons son rejet des institutions libérales une fois achevées, et la louange de leur lutte, ce qui veut dire, « la guerre pour les institutions libérales, qui, en tant que guerre, laisse subsister les instincts antilibéraux[132] » et si nous pensons aux « actions antilibérales dans la formation des institutions libérales qui consistent en actions comme celles d'établir les lois antisociales et les lois de la *Kulturkampf*, ensuite, nous devons conclure en disant que le libéralisme de Nietzsche, étant donné son soutien implicite à ces lois, assumerait des « formes antilibérales ». Si nous prenons Nietzsche à sa juste

[131] CAMERON (Frank) et DOMBOWSKY (Don).- *Political Writing of Friedrich Nietzsche. An Edited Anthology,* Palgrave, Macmillan 2008, p.21

[132] CAMERON (Frank) et DOMBOWSKY (Don).- *Political Writing of Friedrich Nietzsche. An Edited Anthology,* Palgrave, Macmillan 2008, p.21

valeur, peut-être une conclusion plausible aurait été qu'il fut opposé au libéralisme, et au pire des cas, n'aurait pas souhaité être lu comme un « libéral[133] ». Cependant cette position se défend, car Nietzsche a une vision particulière de l'Etat et son individualisme prononcé reflète le libéralisme au plein sens du mot.

Le point de vue de Nietzsche sur Bismarck est presqu'intrigant. Ses écrits soutiennent des références numériques sur le Chancelier et se rangent en fond, à partir des remarques sur le personnage de Bismarck et commentent ses tactiques et ses stratagèmes militaires. Ces réflexions révèlent l'attitude évolutive de Nietzsche envers Bismarck et on peut dire que cela est ambivalent dans la structure.

En 1860, Nietzsche a été un supporteur ardent de Bismarck. Au début de 1870, quand les Libéraux firent la paix avec Bismarck, Nietzsche renonça à son allégeance au Parti Libéral National (particulièrement son soutien au nationalisme allemand) et adopta une attitude critique envers le *Reich* de Bismarck, en échouant pour faire avancer la régénération sur la culture allemande. A la fin de 1870, il eut une autre convergence entre Nietzsche et Bismarck : Nietzsche entra dans la confidence pour soutenir que Bismarck aurait supprimé le mouvement socialiste. Pour les deux, Nietzsche et Bismarck, la Commune de Paris avait été un événement critique. Tous les deux se seraient rappelé le discours de Bebel au *Reichstag* de Mai 1871 et le spectre d'une insurrection prolétarienne européenne qu'il souleva. Bismarck considérait le discours comme un « rayon de lumière » qui l'alertait comme une menace socialiste ; « A partir de ce moment, j'ai reconnu dans les éléments sociaux-démocrates, un ennemi contre lequel l'Etat et la société se

[133] CAMERON (Frank) et DOMBOWSKY (Don).- *Political Writing of Friedrich Nietzsche. An Edited Anthology,* Palgrave, Macmillan 2008, p.21

trouvent eux-mêmes en constante auto-défense[134]. » En 1880, Nietzsche a rejeté la loi de la sécurité sociale de Bismarck (« socialisme d'Etat »), son socialisme pratique et sa réconciliation avec Rome [135](c'est-à-dire le rappel des lois de la *Kulturkampf*) et considérait encore Bismarck comme le représentant du type allemand fort[136]. » Cette ambivalence peut indiquer que Nietzsche avait maintenu l'espoir que Bismarck, come un artiste supérieur du gouvernement de Napoléon, aurait été capable de contrôler les contradictions (*l'agon* entre les forces sociales) à travers sa « politique pratique », ses manipulations variées et ses concessions. Mais il ne pouvait pas estimer la marée et fut finalement renversé par les intérêts sociaux-démocrates. Pour Nietzsche, Bismarck a commandé l'insignifiante politique du nationalisme et fut l'un des Allemands qui, dans le processus, a détruit une perspective d'une culture européenne vénérable.

Pour conclure, disons que la pensée politique de Nietzsche fut confrontée aux forces politiques vivantes et aux structures de pouvoir de la sphère bismarckienne. Elle se définit elle-même comme un chemin de résistance avec une obligation de direction. La philosophie de Nietzsche du futur est sans forme sans le concept de grande politique et la législation des valeurs politiques, stimulé par le danger parfumé à toute révolution, le climat de déstabilisation et la perspective de guerres futures. La réévaluation de Nietzsche de toutes les valeurs est conçue pour une société où les relations de pouvoir étaient changeants de façon drastique et transformant les idées de droit et de justice. Sa pensée politique constitue une

---

[134] CAMERON (Frank) et DOMBOWSKY (Don).- *Political Writing of Friedrich Nietzsche. An Edited Anthology,* Palgrave, Macmillan 2008, p.22

[135] CAMERON (Frank) et DOMBOWSKY (Don).- *Political Writing of Friedrich Nietzsche. An Edited Anthology,* Palgrave, Macmillan 2008, p.22

[136] CAMERON (Frank) et DOMBOWSKY (Don).- *Political Writing of Friedrich Nietzsche. An Edited Anthology,* Palgrave, Macmillan 2008, p.22

confrontation directe avec les changements, et immédiatement effrayante et violente, affirmative et délimitée par des espaces anarchiques.

3. LES PERES SYNODAUX ET LA POLITIQUE

L'Instrumentum Laboris du Synode des Evêques, lors de sa XIIème Assemblée Spéciale pour l'Afrique, sur « L'Eglise en Afrique au service de la Réconciliation, de la Justice et de la Paix. Vous êtres le sel de la terre… Vous êtes la lumière du monde » a abordé la question politique. Déjà dans l'avant propos du document, Mgr Nikola Eterović, secrétaire général du Synode parlait d'une Afrique, affectée partant de discordes et de divisions ethniques, sociales et religieuses, débouchant sur des démonstrations de haine et de violence[137].

Sur le continent africain, les Pères Synodaux ont parfois noté avec regret, que le bien qui se fait en Afrique est souvent tu, tandis que les médias internationaux amplifient le mal tragique et bruyant qui y est fait[138]. Puis les Evêques soulignent le contexte politique nouveau du continent africain entre 1994 et 2009.

Les Evêques soulignent que l'émancipation des peuples africains du joug des régimes dictatoriaux annonce une ère nouvelle et le début, bien que timide, d'une culture démocratique, comme l'attestent les différentes élections qui ont eu lieu sur le continent[139]. Les Prélats notent avec bonheur que l'Eglise est demeurée impartiale dans la

---

[137] Eterovic Nikola.- XII Assemblea Generale Ordinaria del Sinodo vei Vescovi – Elenco delle proposizioni… http://www.vatican.va/roman_curia/syno/documents/rc_syno_doc2009_O319 instrl... consulté le 23/03/2009, p.5

[138] Eterovic Nikola.- XII Assemblea Generale Ordinaria del Sinodo vei Vescovi – Elenco delle proposizioni… http://www.vatican.va/roman_curia/syno/documents/rc_syno_doc2009_O319 instrl... consulté le 23/03/2009, p.7

[139] Eterovic Nikola.- XII Assemblea Generale Ordinaria del Sinodo vei Vescovi – Elenco delle proposizioni… http://www.vatican.va/roman_curia/syno/documents/rc_syno_doc2009_O319 instrl... consulté le 23/03/2009, p.8

conduite des affaires politiques, pendant les périodes de transition politique dans certains pays, à travers la sollicitation d'évêques pour présider les Conférences nationales souveraines et à travers les initiatives prises par les fidèles laïcs pour promouvoir d'authentiques institutions démocratiques. Le document cite un exemple concret : l'accord-cadre entre le Saint-Siège et la République Gabonaise sur les principes et sur certaines dispositions juridiques concernant leurs relations et leur collaboration, signé le 12 décembre 1997 et ratifié le 2 juin 1999.

Les Evêques poursuivent en notant que les dirigeants africains ont pris davantage conscience de leur responsabilité historique face aux conflits, parfois sanglants, provoqués par les élections (signes de croissance politique vers l'établissement d'un Etat de droit). Selon nos Episcopes, ces chefs d'Etats assurent eux-mêmes la médiation dans leurs pays en crise ou cherchent des voies pacifiques. Ici les exemples sont nombreux comme le contentieux frontalier de la péninsule de Bakassi entre le Cameroun et le Nigéria. Nous pourrions citer pour la Côte d'Ivoire, les accords de Ouagadougou, appelés le dialogue direct entre le Président GBAGBO et le secrétaire général des Forces Novelles, devenu depuis lors Premier Ministre.

D'autres initiatives plus heureuses au plan de l'intégration économique ont été soulignées, au niveau continental. L'exemple de l'Union Africaine, du NEPAD (Nouveau Partenariat pour le Développement de l'Afrique) et du MAEP (Mécanisme Africain d'Evaluation par les Pairs) sont des preuves d'une volonté des responsables politiques de donner une vision et un cadre stratégique pour sortir l'Afrique de la pauvreté et de la marginalisation face à la mondialisation. Pour terminer, la Commission « Vérité et Réconciliation » en Afrique du

Sud, a permis aux dirigeants de ce pays important, d'accompagner les habitants dans la guérison des traumatismes créés par l'apartheid. Si ces initiatives sont à noter au compte du bilan positif, les Evêques ont cherché à faire la généalogie de la mauvaise politique sur le continent africain. Quelle est la racine de tous nos maux ?

Ils estiment que le cœur humain de l'Africain est blessé et il demeure l'ultime repaire où se niche la cause de tout ce qui déstabilise le continent africain. Ainsi, « l'égoïsme alimente l'appât du gain, la corruption et l'avarice, pousse au détournement de biens et richesses destinés à des peuples entiers. » Cette soif du pouvoir provoque le mépris de toutes les règles élémentaires d'une bonne gouvernance. Elle instrumentalise les populations analphabètes, manipule les différences politiques, ethniques, tribales et religieuses, et installe la culture du guerrier comme héros et celle de la dette pour des sacrifices passés ou des torts commis. Ce qui sort du cœur de l'homme africain, c'est ce qui le souille : débauche, impudicité, adultère, corruption, mensonge, vol…

Avec courage, les Episcopes dénoncent les forces internationales qui pillent les ressources du continent africain, sans vergogne, avec la complicité des fils et des filles autochtones. Les guerres leur permettent d'écouler leurs armes et d'y avoir des ressources pour soutenir des régimes dictatoriaux aux pieds d'argile, irrespectueux des droits de l'homme et des principes démocratiques. En contrepartie, ils ont le monopole et des avantages économiques et financiers.

En se référant à l'Exhortation Apostolique Post-Synodale, certaines Eglises particulières ont recensé quelques recommandations. Pour elles, les Commissions Justice et Paix ont été de véritables instruments d'évangélisation par l'éveil des consciences chrétiennes, à la défense des droits humains, à la bonne gouvernance ;

ensemble avec d'autres C.E.B. orientées vers le social, elles ont contribué à la formation civique des chrétiens et des non chrétiens pour promouvoir la justice, la paix et la réconciliation[140]. Mais les Pères déplorent un manque de suivie dans leurs actions, et ces actions sont souvent paralysées par la pression des pouvoirs politiques et par la faiblesse de leurs ressources financières.

En parcourant le numéro 2 du document intitulé « quelques lieux critiques de la vie des sociétés africaines », au paragraphe sur le domaine socio-politique, les Pères ont relevé qu'en ces dernières années, au plan politique, des signes sont apparus, qui font espérer une maturation des consciences civiques. En effet, une société civique active se fait de plus en plus visible dans la lutte pour les droits humains. Sur tout le continent, les évêques trouvent des hommes et des femmes, assoiffés de renaissance du continent à tous égards, et soucieux d'une résolution interafricaine des conflits. Ces personnes, selon nos prélats, pensent qu'il leur incombe d'éduquer politiquement leurs peuples et de guider leurs nations vers une vie de paix et de prospérité[141]. Mais les Pères synodaux déplorent, avec regret, que la société africaine continue de lutter pour se libérer de multiples entraves. En effet, certains dirigeants politiques, pensent nos Prélats, font preuve d'insensibilité face aux besoins de leurs peuples, poursuivent leurs intérêts personnels, méprisent les notions de bien commun, perdent le sens de l'Etat et des principes démocratiques, élaborent des politiques

---

[140] Eterovic Nikola.- XII Assemblea Generale Ordinaria del Sinodo vei Vescovi – Elenco delle proposizioni… http://www.vatican.va/roman_curia/syno/documents/rc_syno_doc2009_O319 instrl... consulté le 23/03/2009, p.11

[141] Eterovic Nikola.- XII Assemblea Generale Ordinaria del Sinodo vei Vescovi – Elenco delle proposizioni… http://www.vatican.va/roman_curia/syno/documents/rc_syno_doc2009_O319 instrl... consulté le 23/03/2009, p.12

tendancieuses, partisanes, clientélistes, ethnocentriques, et fomentent la division pour régner. En Certains endroits, le parti au pouvoir tend à s'identifier à l'Etat. Les évêques révèlent, en outre que beaucoup d'hommes et de femmes démontrent une inculture grave en matière politique, violent sans état d'âme les droits humains et instrumentalisent la religion, autant que les institutions religieuses, dont ils ignorent, par ailleurs la mission et la fonction dans la société.

Au plan économique, les Pères synodaux sont heureux de constater qu'il existe en Afrique certains dirigeants d'entreprise et certaines corporations d'hommes et de femmes d'affaire honnêtes et entreprenants. Mais ici aussi des dysfonctionnements étatiques paralysent tous les efforts louables.

CONCLUSION

Après avoir défini la politique de façon classique, fait une brève histoire de la notion au niveau de la philosophie politique, nous avons parcouru l'ouvrage de Frank Cameron et Don Dombowsky sur les écrits politiques de Nietzsche.

Frank Cameron enseigne la théorie politique à l'Université Wilfrid Laurier et Don Dombowsky est Maître de Conférences en Philosophie à l'Université Bishop du Canada. Le premier est l'auteur de *Nietzsche et le problème de la moralité* et a publié plusieurs articles sur Nietzsche. Le second est l'auteur du *machiavélisme politique de Nietzsche* et a publié des articles dans le journal des écrits de Nietzsche et dans Nietzsche Studien. Leur anthologie met à notre disposition, à la fois, des éléments de commentaire politique de Nietzsche lui-même trouvés à travers le corpus nietzschéen, incluant ceux qui n'ont jamais été traduits de ses écrits de jeunesse.

Ces textes ont été précautionneusement choisi pour être en grande ligne des points de vue politique de Nietzsche et placés d'une façon chronologique pour permettre au lecteur d'apercevoir le développement de la pensée politique de Nietzsche depuis sa jeunesse jusqu'aux écrits de maturité de 1888. Dans ces introductions et préfaces, Franck Cameron et Don Dombowsky démontrent directement que Nietzsche était un observateur et répondait des événements qui ont façonné l'époque bismarckienne. Dans le passé des deux dernières décades, on a scruté avec une attention soutenue, la pensée politique de Nietzsche, encore moins rarement seulement il n'y a eu aucun essai qu'on a situé historiquement. Cette anthologie ainsi a été une source essentielle pour comprendre les idées politiques de Nietzsche comme elles s'enflammaient par les conflits de cet espace turbulent.

Nietzsche, par la colonisation fait le lien entre les pères synodaux et la politique allemande. Pour les Pères synodaux, la politique exerce sur la morale une action corrosive.

L'idéalisme et l'intégrité se rongent sous l'acide du pouvoir, de l'opposition, de la frustration, de l'inachèvement et de la contrainte. Les hommes et les femmes investis d'une responsabilité publique vivent dans un monde de semi-vérité, qui sape l'âme et l'intégrité morale de tout être humain.

Dans un ouvrage de Nietzsche, de *l'utilité et des inconvénients de l'histoire pour la vie*, Nietzsche nous enseigne que la vérité dépend de son point de vue de classe. La vérité est relative à la puissance. C'est le fort qui dit le droit.

Ces deux points apparemment irréconciliables, peuvent être réconciliés dans la généalogie du politique. Nous n'envisageons pas parler du *mensonge en politique* à la façon d'Hannah Arendt. Mais, d'une façon nietzschéenne. A l'origine selon Marcel Detienne, « le sophiste est donc un type d'homme très proche du politique, de celui que les Grecs appellent le prudent : ils ont en commun un même champ d'action et une même forme d'intelligence. Ce sont des hommes qui sont directement aux prises avec les affaires humaines, c'est-à-dire avec ce domaine où rien n'est stable, et où pour parler comme Aristote, il appartient aux acteurs eux-mêmes de tenir compte de l'opportunité, comme c'est le cas dans l'art médical et dans la navigation[142]. » Le domaine du politique et du sophiste est ainsi un plan de pensée qui se situe aux antipodes de celui que le philosophe comme son bien

[142] DETIENNE(Marcel).- *Les Maîtres de la vérité dans la Grèce archaïque* (Paris, Librairie Générale de France 2006), p. 205

propre depuis Parménide : c'est celui de la contingence, la sphère du kairos, ce kairos qui n'appartient pas à l'ordre de l'épistémè, mais de l'ordre de la doxa. C'est le monde de l'ambiguïté.

Sur ce plan, la sophistique n'est pas séparable de la rhétorique : celle-ci fait son apparition en Grande-Grèce, dans un même contexte politique, soit en relation avec les délibérations da la première démocratie, soit en rapport avec le fonctionnement de la justice dialoguée. Pour reprendre les paroles platoniciennes, la rhétorique est « une pratique qui exige une âme douée de pénétration et d'audace, et naturellement apte au commerce des hommes[143]. » Elle exige donc des qualités intellectuelles qui définissent le prudent, car elle se déploie dans le même milieu des affaires humaines, milieu où rien n'est stable, milieu mouvant, double et ambigu. Produits d'une même culture politique, la sophistique et la rhétorique développent aussi des techniques mentales solidaires.

Dans un monde où les rapports sociaux sont dominés par la parole, le sophiste et le rhéteur sont tous deux des techniciens du logos. Tous les deux contribuent à élaborer une réflexion sur le logos en tant qu'instrument, en tant que moyen d'agir sur les hommes. Pour le sophiste, le champ de la parole est délimité par la tension des deux discours sur chaque chose, par la contradiction des deux thèses sur chaque question. Sur ce plan de pensée, régi par le principe de contradiction, le sophiste apparaît comme le théoricien qui logifie l'ambigu et qui fait de cette logique l'instrument propre à fasciner l'adversaire, capable de faire triompher le plus petit sur le plus grand. La fin de la sophistique comme celle de la rhétorique est la persuasion, la tromperie. Au cœur d'un monde fondamentalement ambigu, ce sont des techniques mentales qui permettent de

---

[143] DETIENNE(Marcel).- *Les Maîtres de la vérité dans la Grèce archaïque* (Paris, Librairie Générale de France 2006), p. 205

maîtriser les hommes par la puissance même de l'ambigu. Sophistes et rhéteurs sont donc pleinement des hommes de la doxa. Platon a parfaitement raison de les tenir pour des maîtres d'illusions qui présentent aux hommes à la place du vrai des fictions, des simulacres et des idoles qu'ils leur font prendre pour la réalité.

BIBLIOGRAPHIE

ARISTOTE.- *L'éthique à Nicomaque. Introduction. Traduction et commentaire,* Louvain, Publications universitaires de Louvain 1959, tome II, première partie, livres I-IV.

ARISTOTE.- *Politique* Paris, Gallimard, 1993.

CAMERON (Frank) et DOMBOWSKY (Don).- *Political Writing of Friedrich Nietzsche. An Edited Anthology,* Palgrave, Macmillan 2008.

DETIENNE(Marcel).- *Les Maîtres de la vérité dans la Grèce archaïque* (Paris, Librairie Générale de France 2006).

Eterovic Nikola.- XII Assemblea Generale Ordinaria del Sinodo vei Vescovi – Elenco delle proposizioni… http://www.vatican.va/roman_curia/syno/documents/rc_syno_doc2009_O319 instrl... consulté le 23/03/2009.

FREUND (Julien).- « Politique » dans *Encyclopédie Philosophique Universelle* II, *Les Notions Philosophiques, Dictionnaire.*

FREUND (Julien).- *Qu'est-ce que la politique ?* Paris, Sirey, 1965.

HEGEL (G.W.F.).- *Principes de la philosophie du droit*, Paris, Tel/Gallimard 1993.

L'Express 3026 – 1er juillet 2009.

NIETZSCHE (Friedrich).- *Œuvres Complètes II* Paris, Robert Laffont, 1993.

ROUSSEAU (Jean-Jacques).- *Du Contrat social,* Paris, Garnier Flammarion, 2001, trad. Bruno Bernadi.

SARTRE (Jean-Paul).- *Critique de la Raison dialectique*, Paris, Gallimard 1960.

SCHMITT (Carl).- *La notion de politique*, Paris, Calmann-Levy, 1972.

SOREL (Georges).- *Réflexions sur la violence*, Paris, Seuil 1990.

WEBER (Max).- *Le savant et la politique*, Paris, 10/18, 1963.

TABLE DES MATIERES

L'HARMATTAN, ITALIA
Via Degli Artisti 15; 10124 Torino

L'HARMATTAN HONGRIE
Könyvesbolt ; Kossuth L. u. 14-16
1053 Budapest

L'HARMATTAN BURKINA FASO
Avenue Mohamar Kadhafi (Ouaga 2000) – à 200 m du pont échangeur
12 BP 226 OUAGADOUGOU
(00226) 50 37 54 36
harmattanburkina@yahoo.fr

ESPACE L'HARMATTAN KINSHASA
Faculté des Sciences sociales,
politiques et administratives
BP243, KIN XI
Université de Kinshasa

L'HARMATTAN CONGO
67, av. E. P. Lumumba
Bât. – Congo Pharmacie (Bib. Nat.)
BP2874 Brazzaville
harmattan.congo@yahoo.fr

L'HARMATTAN GUINÉE
Almamya Rue KA 028, en face du restaurant Le Cèdre
OKB agency BP 3470 Conakry
(00224) 60 20 85 08
harmattanguinee@yahoo.fr

L'HARMATTAN CÔTE D'IVOIRE
M. Etien N'dah Ahmon
Résidence Karl / cité des arts
Abidjan-Cocody 03 BP 1588 Abidjan 03
(00225) 05 77 87 31

L'HARMATTAN MAURITANIE
Espace El Kettab du livre francophone
N° 472 avenue du Palais des Congrès
BP 316 Nouakchott
(00222) 63 25 980

L'HARMATTAN CAMEROUN
BP 11486
Face à la SNI, immeuble Don Bosco
Yaoundé
(00237) 99 76 61 66
harmattancam@yahoo.fr

L'HARMATTAN SÉNÉGAL
« Villa Rose », rue de Diourbel X G, Point E
BP 45034 Dakar FANN
(00221) 33 825 98 58 / 77 242 25 08
senharmattan@gmail.com

604827 - Avril 2015
Achevé d'imprimer par

1livre.com
du rêve à la réalité !